Les 5 clés pour parler finance

DUNOD

ISBN 978-2-10-059467-2

Avant-propos

C*ash flow, EBITDA, ROC, SIG... Ces termes financiers sont pour vous du chinois ?* Ils réveillent en vous une allergie ? Dommage, car ils vous sont sans doute indispensables !

Si vous ne comprenez rien au rapport financier de votre entreprise ou à ce que votre contrôleur de gestion vous raconte, ce livre est fait pour vous !

Que vous soyez cadre, agent de maîtrise ou chef de projet, vos fonctions transversales vous amènent forcément à parler finance. Vous n'êtes pas financier de formation mais on attend de vous la capacité d'employer sans confusion un vocabulaire financier précis.

Ce livre vous donne les clés pour parler finance. Simple, facile d'accès, il est un vrai gage de montée en compétences. En un temps minimum, vous allez acquérir les réflexes financiers indispensables. En refermant *Les 5 clés pour parler finance*, vous saurez parler une nouvelle langue : finies les confusions grossières entre indicateurs financiers essentiels...

À vous la lecture facilitée des documents financiers et la compréhension des décisions de votre direction. La finance est à votre portée !

Les 5 clés pour parler finance propose :

- un quiz pour vous mettre en appétit ;
- l'essentiel des connaissances à maîtriser ;
- des notions clairement et simplement expliquées ;
- des exemples précis ;
- des exercices pour passer à l'action ;
- un lexique français/anglais.

Pour aller plus loin, rendez-vous sur le site du livre

www.csp.fr/livrePF

Sommaire

Quiz

Une ou plusieurs réponses sont possibles.

1.	Le BFR est directement	**a.** un problème de marge. **b.** un problème de trésorerie. **c.** un problème d'impayé.
2.	Le *cash flow*	**a.** se trouve au bilan. **b.** est la capacité à dégager du *cash* sur une année. **c.** se calcule à partir du résultat.
3.	L'EBITDA ou EBE	**a.** est une notion de résultat dégagé. **b.** comprend l'impact des investissements. **c.** comprend l'impact de l'endettement.
4.	Le CA comprend	**a.** les ventes. **b.** les produits financiers. **c.** les ventes d'immeubles.
5.	L'amortissement peut être	**a.** linéaire. **b.** dégressif. **c.** progressif.
6.	Le résultat net	**a.** inclut la participation de l'année. **b.** peut être distribué en totalité aux actionnaires. **c.** doit servir forcément aux investissements futurs.

7. Une provision est
- **a.** une somme mise de côté sur un compte en banque.
- **b.** une charge estimée future.
- **c.** l' estimation la plus probable.

8. Le bilan
- **a.** mesure l'activité.
- **b.** montre la productivité.
- **c.** est une vue du patrimoine.

9. La rentabilité, c'est
- **a.** gagner de l'argent.
- **b.** un ROI.
- **c.** comparer une mise de fonds avec un résultat.

10. J'améliore mon *cash flow* si
- **a.** j'augmente mes marges.
- **b.** je diminue mon FR.
- **c.** j'améliore mon BFR.

11. J'améliore mon BFR si
- **a.** j'accentue les acomptes clients.
- **b.** je passe par l'affacturage.
- **c.** je négocie les taux de découvert.

12. J'améliore mon FR si
- **a.** je vends une machine et je la loue.
- **b.** je ne distribue pas de dividende.
- **c.** j'emprunte à long terme.

Réponses :

1 b ; 2 b et c ; 3 a ; 4 a ; 5 a et b ; 6 a et b ; 7 b et c ; 8 c ; 9 b et c ; 10 a et c ; 11 a et b ; 12 a, b et c.

BFR
CASH FLOW
OPEX
TRI
EBE
CAPEX

CLÉ 1

Connaître les bases de la finance

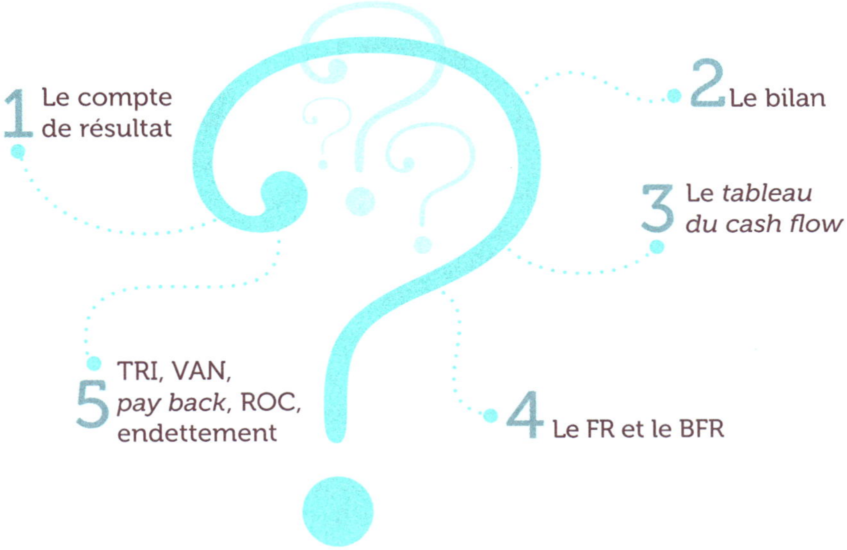

« Si la base est solide, la maison est solide. »

Extrait du Yi-King

1. Le compte de résultat

→ EN BREF

Le compte de résultat mesure le gain ou la perte dégagée par l'activité de l'entreprise sur douze mois. Il peut évidemment s'établir tous les mois pour un suivi régulier des résultats.
En anglais, on le nomme *P & L* (*Profit & Loss*).

Comment ça marche ?

Le compte de résultat augmente à chaque produit, c'est-à-dire à chaque facture client émise ou à émettre : toute livraison de bien ou exécution de prestation de services génère un produit. Notez que ce produit enregistré par un comptable est à distinguer de l'encaissement de la facture.
Le compte de résultat diminue à chaque charge, c'est-à-dire à chaque facture fournisseur reçue ou à recevoir : toute livraison de bien ou exécution de prestation de services déclenche une charge. Cette charge enregistrée par un comptable est à distinguer du décaissement de la facture.

N.B. : Un produit est enregistré dès la réception par le client des biens ou services. Si cet enregistrement précède l'émission de la facture client, le produit est comptabilisé sous forme de « provision pour facture à émettre ». Symétriquement, une charge est comptabilisée dès que la prestation est due et ce, même en cas d'absence de facture fournisseur. Dans ce cas, elle est comptabilisée sous forme de « provision pour facture à recevoir ».

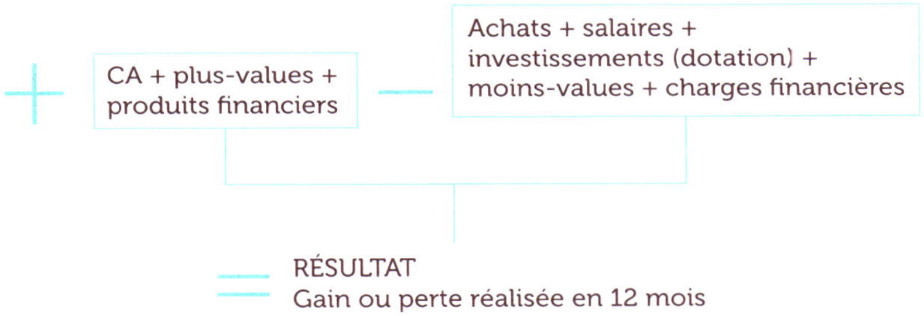

Le compte de résultat compare les produits et les charges hors taxes (HT) de l'entreprise. Il permet de déterminer le dividende distribuable à l'actionnaire.

Comment lire le compte de résultat ?

Le compte de résultat est établi sous forme de tableau listant les produits et les charges de l'année. On compare généralement deux exercices (N–1 et N) pour juger de l'évolution des résultats sur un an. Les chiffres entres parenthèses correspondent à des montants négatifs. À droite des deux exercices, on peut trouver la variation (en %).

Une bonne lecture d'un compte de résultat se fait en stratifiant par ligne d'analyse. Cela permet de juger de l'impact de chaque type de charge sur le résultat.

Les chiffres de chaque ligne sont donnés en valeur absolue et, pour certains, en % du chiffre d'affaires.

Compte de résultat (en K€)

		N–1	N	Variation
❶	CA	5 850	6 502	
	Coûts des achats	1 948	1 784	
❷	Marge brute	3 902	4 718	
	% du CA	66,70%	72,56%	
	Autres achats (loyer, pub, tél...)	941	1 320	+40,28 %
❸	VA	2 961	3 398	
	% du CA	50,62%	52,26%	
	Taxe apprentissage, contribution foncière...	22	33	
	Salaires	1 754	2 100	+19,73 %
	Charges	647	882	+36,32 %
❹	EBE/EBITDA	538	383	
	% du CA	9,20%	5,89%	
❺	Résultat exploitation/EBIT	431	223	
	% du CA	7,37%	3,43%	
❻	Résultat financier	(32)	(42)	
❼	Résultat net	340	181	
	% du CA	5,81%	2,78%	

- **Le chiffre d'affaires (CA)** ❶ est constitué des produits et services vendus. Idéalement, il marque une croissance d'une année sur l'autre. Après déduction de différentes charges, on obtient :
- **La marge brute** ❷

Marge brute = CA – coûts des achats

Le résultat dépend non seulement du volume mais aussi de la gestion des achats et de leur coût.

Si le taux de la marge brute (en % du CA) augmente, c'est une bonne nouvelle !

- **La valeur ajoutée (VA)** ❸

VA = marge brute – autres achats

Les autres achats sont le loyer, les dépenses de publicité, les honoraires...

Là encore, si le taux de la valeur ajoutée (en % du CA) augmente, c'est une bonne nouvelle !

- **L'excédent brut d'exploitation (EBE) ou EBITDA** *(earning before interest taxes depreciation)* ❹

EBE = EBITDA = valeur ajoutée – (salaires et charges de personnel)

Le poids des achats et des salaires est donc à prendre en compte pour analyser l'évolution de ce taux. Idéalement, ce taux augmente. L'EBE moyen est très différent d'un secteur d'activité à l'autre : grande distribution (5 %), industrie (10 à 15 %), énergie (25 %), télécoms (35 %).

- **Le résultat d'exploitation ou EBIT** ❺

EBIT = EBE – (dotations aux amortissements et provisions)

Ce résultat est impacté par les provisions ou investissements réalisés.

- **Le résultat financier** ❻

Résultat financier = produits financiers – charges financières

L'évolution du résultat financier est à rapprocher du niveau de la dette, de celui des disponibilités et de l'évolution des taux d'intérêts.

- **Le résultat net** ❼

Résultat net = EBITDA – (dotations aux amortissements et provisions + résultat financier + impôts société)

Dans l'idéal, il augmente !

→ **RÉCAPITULONS**

Le compte de résultat :

- montre la création de richesse de l'entreprise au cours de l'année ;
- permet de déterminer la base de distribution de dividende à l'actionnaire ;
- « monte » à chaque exécution de prestation de services vendue ou à chaque livraison de bien vendu ;
- « descend » à chaque exécution de prestation de services achetée, à chaque livraison de bien acheté, à chaque bulletin de paie émis ;
- ne correspond pas à de réels encaissements et décaissements ;
- se lit grâce à une pertinente stratification financière.

2. Le bilan

→ **EN BREF**

Le bilan est indissociable du compte de résultat dont il est la photographie à la date de clôture ou d'inventaire (souvent le 31 décembre).

Il présente l'état du patrimoine de l'entreprise à un instant T.

Comment ça marche ?

Le bilan classe en deux colonnes le passif et l'actif de l'entreprise.

- **Le passif** du bilan représente les sources de financement (capital, bénéfice, emprunt, crédit fournisseur…) qui sont dues à l'actionnaire, au banquier ou au fournisseur.
- **L'actif** du bilan représente l'utilisation qui est faite de ces ressources.

Comment lire le bilan ?

Observez le tableau et portez votre attention sur les dix points :

Bilan

	ACTIF Ce que possède l'entreprise		PASSIF Comment s'est financée l'entreprise		
1	Actif immobilisé (biens durables non destinés à être vendus)		Capitaux propres		
	Immobilisations incorporelles	500	Capital (argent apporté par les actionnaires)	1 000	5
	Immobilisations corporelles	1 500	Réserves (bénéfice non distribué aux actionnaires et laissé à la société)	1 000	6
	Immobilisations financières	800	Résultat (produits – charges de l'année)	600	7
	Actif circulant		Dettes		
2	Stocks (fabriqués non vendus)	500	Emprunts (auprès de banques, de l'État ou de la société mère...)	2 000	8
3	Créances clients (facturées au client et non payées)	2 000	Dettes fournisseurs	1 000	9
4	Valeurs mobilières de placement	100			
4	Disponibilité (trésorerie, solde du compte en banque	200			
10	Total	5 600	Total	5 600	10

❶ **Immobilisations** (voir clé 2) : sont-elles conséquentes ? Y a-t-il une évolution par rapport à N–1 ? (Il faut prendre le bilan de l'année précédente pour le savoir.)

❷ **Stocks** : les montants des stocks permettent de calculer les délais de rotation des stocks qu'il y a tout intérêt à réduire (voir clé 5).

Pourquoi parle-t-on de comptes sociaux et de comptes consolidés ?

Les comptes sociaux sont les bilans et comptes de résultats de chaque société.
Dans un groupe avec des filiales, la maison mère additionne ses comptes et ceux de ses filiales. Elle obtient ainsi des comptes consolidés.

❸ **Créances clients** : le montant des créances permet de mesurer le délai moyen de paiement par les clients qu'il y a tout intérêt à réduire (voir clé 5).

❹ **Trésorerie :** les montants sont-ils en évolution par rapport à N–1 ?

❺ **Capital :** l'argent apporté par les actionnaires est-il conséquent ?

❻ **Réserves :** a-t-on privilégié la mise en réserve plutôt que la distribution de dividendes ?

❼ **Résultat :** quel est le résultat de l'année ? Est-il en progression par rapport à N–1 ?

❽ **Emprunts** : doit-on encore des sommes importantes aux banques ?

❾ **Dettes fournisseurs** : le montant de la dette permet de mesurer le délai moyen de paiement des fournisseurs (voir clé 5).

❿ Puisqu'on ne peut utiliser plus d'argent que l'on en possède, il y a nécessairement équilibre du bilan : **total actif = total passif**.

→ RÉCAPITULONS

Le bilan :

- est une photographie du patrimoine à un instant T ;
- se lit de droite à gauche ;
- permet de voir comment s'est financée l'entreprise (ressources = passif), puis ce qu'elle a fait de l'argent (emploi = actif) ;
- est forcément équilibré.

3. Le tableau du *cash flow*

→ EN BREF

Le tableau du *cash flow* ou tableau des flux de trésorerie (TFT) restitue les décaissements et encaissements de l'année. Il permet de voir l'évolution de la trésorerie d'une année sur l'autre.

Il justifie l'augmentation ou la diminution du compte en banque de la société.

Il indique et justifie le flux réel de liquidité dégagé par l'entreprise, c'est-à-dire le *cash flow* : si la trésorerie était de 100 au départ et qu'elle est de 150 à la fin, le *cash flow* (soit la capacité à dégager de la monnaie sonnante et trébuchante) est de 50.

Comment ça marche ?

Le tableau ci-dessous montre que le TFT justifie la variation de trésorerie entre le début et la fin de l'année, en séparant trois sources d'entrée ou de sortie de *cash* :

- Entrées ou sorties de *cash* générées par les activités opérationnelles.
- Entrées ou sorties de *cash* générées par les activités d'investissement.
- Entrées ou sorties de *cash* générées par les activités de financement.

Le *cash*, le nerf de la guerre !

Augmenter le *cash* :

> rassure les actionnaires ;

> offre des capacités de financement et de croissance ;

> limite l'endettement ;

> et surtout, assure l'avenir de l'entreprise.

Comment lire le TFT ?

Laissez-vous guider dans la lecture du tableau ci-dessous en suivant l'ordre des puces numérotées.

Tableau des flux de trésorerie (en K€)

	Exercice clos le 31 décembre	N–1	N
	ACTIVITÉ OPÉRATIONNELLE		
5	Résultat net – part du Groupe	1 220,0	1 230,0
	Ajustements		
	• Dotations aux amortissements	992,8	1 020,0
6	• Variation des impôts différés	3,8	69,2
	• Variation des provisions	(36,6)	25,0
7	Variation du besoin en fonds de roulement	112,9	107,60
2	Flux net de trésorerie lié aux activités opérationnelles	2 292,9	2 451,8
	ACTIVITÉS D'INVESTISSEMENT		
8	Acquisitions d'immobilisations corporelles et incorporelles	(1 908,3)	(1 411,0)
9	Acquisitions d'immobilisations financières	(242,3)	(109,2)
	Produits de cessions d'immobilisations corporelles et incorporelles	50,5	78,5
	Produits de cessions d'immobilisations financières	7,5	1,9
3	Flux net de trésorerie lié aux opérations d'investissement	(2 092,6)	(1 439,8)
	ACTIVITÉS DE FINANCEMENT		
	Distribution		
	• Majoritaire	(550,8)	(601,9)
	• Minoritaires	(39,0)	(28,8)
	Augmentation de capital en numéraire	44,5	175,1
	Achats d'actions propres	(168,2)	(1,1)
	Variation des dettes financières	1 042,0	(416,6)
4	Flux net de trésorerie lié aux opérations de financement	328,5	(873,3)
1	TRÉSORERIE NETTE D'OUVERTURE	653,9	1 141,5
	TRÉSORERIE NETTE DE CLÔTURE	1 182,70	1 280,20

- Lisez d'abord la dernière ligne qui donne une vue globale avec **l'évolution de la trésorerie ❶** : les montants permettent d'apprécier la variation entre N–1 et N.

Regardez ensuite le *cash flow* dégagé ou diminué sur chaque catégorie :
- **le *cash flow* strictement opérationnel ❷ ;**
- **le *cash flow* lié aux opérations d'investissement ❸ ;**
- **le *cash flow* lié au financement ❹**.

Concentrez-vous enfin sur les sommes importantes :
- **le résultat net du Groupe ❺** : le point de départ est le résultat de l'année, pas nécessairement encaissé ou décaissé ;
- **les ajustements ❻** : on élimine les opérations ne donnant pas lieu à une entrée ou sortie de *cash* ;
- **la variation du besoin en fonds de roulement ❼** : il s'agit des décalages de paiements clients et fournisseurs. En effet, dans le compte de résultat, le CA augmente dès la vente effectuée et diminue dès les charges passées, indépendamment des encaissements et décaissements réels. Dans ce tableau, on ne prend en compte strictement que les encaissements clients et les décaissements fournisseurs ;
- **les investissements payés dans l'année ❽** ;
- **les investissements de croissance externe** (achats de filiales payés dans l'année ❾).

→ RÉCAPITULONS

Le TFT :
- explique la variation de la trésorerie ;
- est différent du résultat, qui s'appuie sur d'autres règles que les réels encaissements et décaissements ;

- montre si du *cash flow* est dégagé ;
- souligne les sources d'encaissement ou de décaissement ;
- illustre la stratégie *cash* de l'entreprise ;
- montre le *cash* dégagé par l'opérationnel et consacré soit aux investissements, soit à l'actionnaire, soit au financement.

Le TFT prend tout son intérêt s'il est établi de manière prévisionnelle pour les trois années suivantes.

4. Le FR et le BFR

→ **EN BREF**

Le fonds de roulement (FR) est la somme des capitaux propres de l'entreprise et de ses emprunts à plus d'un an, déduite de ses investissements.

\+ Capitaux propres (capital + bénéfice non distribué + résultat de l'année)
Emprunts à plus d'un an

− Investissements

= Fonds de roulement (FR)

Le besoin en fonds de roulement (BFR) est un problème de *cash* (et non de résultat) à un instant T. Le BFR augmente quand l'entreprise est obligée de payer ses fournisseurs et/ou ses salariés avant d'avoir été elle-même payée par ses clients ou lorsque l'écoulement des stocks est trop lent.

BFR = (stocks non vendus + factures émises non payées + factures à émettre) – (factures reçues non payées + factures à recevoir)

La règle d'or de la trésorerie équilibrée

La trésorerie est la différence entre le fonds de roulement de l'entreprise (FR) et son besoin en fonds de roulement (BFR).

Trésorerie = FR – BFR

Si le FR est stable et que le BFR augmente, la trésorerie se détériore.

Si le FR baisse et que le BFR est stable, la trésorerie se détériore aussi.

Pour équilibrer la trésorerie, il faut activer des leviers d'amélioration du FR et du BFR.

Augmenter le FR

Une entreprise a intérêt à disposer d'un FR maximum en activant des leviers structurels comme :

- augmentation du capital ;
- distribution minimale de dividende ;
- maximisation du résultat ;
- emprunt à de bonnes conditions ;
- investissements judicieux et rentables.

Minimiser le BFR

L'entreprise doit limiter le BFR et son poids dans l'activité en mesurant ce BFR en % de son CA.

Prenons un exemple : si une entreprise a un CA de 100 K€ et un BFR de 15 K€, ce BFR représente 15 % de son CA.

15% d'une année représente 1,8 mois. Arrondissons à 2 mois : avec un tel BFR, l'entreprise a donc 2 mois de problème de trésorerie.

Trois leviers permettent de minimiser le BFR :

- améliorer la gestion des stocks ;
- fluidifier davantage le processus client ;
- agir sur le processus fournisseur.

Nous détaillerons ces actions dans la clé 5.

→ RÉCAPITULONS

L'équilibre de la trésorerie dépend directement du FR et du BFR.

L'entreprise a intérêt à avoir le maximum de FR en faisant des choix qui favorisent le *cash*.

Elle doit également miser sur le plus petit BFR possible : attention aux processus opérationnels et rendez-vous à la clé 5 !

5. TRI, VAN, *pay back*, ROC, endettement

→ **EN BREF**

Le ROC [ou OIR] et le niveau d'endettement informent sur la performance de l'entreprise et sur l'impact de la dette. Des indicateurs comme la VAN, le TRI et le *pay back* sont des outils d'aide à la décision d'investir dans un projet.

Le ROC (résultat opérationnel courant) ou OIR (*operating incom recurring*)

Le ROC est le résultat métier le plus probant : il élimine les charges et produits considérés comme non opérationnels ou non courants, par exemple un encaissement de loyer hors activité propre de l'entreprise ou une cession d'actif. Le ROC ne prend donc en compte ni le coût de l'endettement ni la cession d'actif ni l'impôt sur la société.

> ROC = CA – [achats + salaires + dotations aux amortissements + provisions] sauf charges et produits considérés comme non opérationnels ou non courants

Le ROC, qui se calcule en pourcentage du CA, est une notion plus précise que le résultat d'exploitation ou EBIT [*earning before interest taxes*]. Ce dernier peut en effet intégrer des charges ou produits d'exploitation non opérationnels.

Le niveau d'endettement

La notion est très à la mode ! Il s'agit de trouver une mesure qui permette de maîtriser le niveau d'endettement. Deux ratios sont préconisés :

- Le ratio emprunts/capitaux propres, soit le prêt des actionnaires. Idéalement, le ratio est de 1.
- Le ratio emprunts/*cash flow* : il mesure en combien de temps l'entreprise est capable de rembourser ses emprunts. Par exemple, avec un *cash flow* de 200 et un emprunt de 1000, le ratio est de 5 : l'emprunt est remboursable en 5 ans.

VAN, *pay back* et TRI

La VAN, le *pay back* et le TRI sont des indicateurs de rentabilité d'un projet. Prenons un exemple : une entreprise investit 200 K€ dans l'achat de matériel informatique. Elle regarde ce projet à 5 ans (durée prévue d'amortissement de l'investissement initial). Le tableau du financement du projet permet de comprendre le calcul de la rentabilité de cet investissement. Il est reproduit ci-dessous. L'année N correspond à l'année de l'investissement.

Le tableau indique le **CA prévisionnel** ❶ et les **charges prévisionnelles** ❷ pour les cinq années.

Les dotations ❸ sont ventilées sur les cinq années, durée prévue de leur amortissement.

Tableau de financement du projet (en K€)

	N	N+1	N+2	N+3	N+4	N+5
❶ CA prévisionnel		170	194	228	267	316
❷ Charges prévisionnelles		(120)	(130)	(150)	(175)	(210)
❸ Dotations		(40)	(40)	(40)	(40)	(40)
Résultat avant IS		10	24	38	52	66
❹ IS (33,33 %)		3,33	8	12,67	17,33	22
❺ Résultat après IS		6,67	16	25,33	34,67	44
❻ Dotations		40	40	40	40	40
❼ *Cash flows* dégagés	(200)	46,67	56	65,33	74,67	84
❽ *Cash flows* dégagés actualisés	(200)	44,44	50,79	56,44	61,43	65,82
❾ *Pay back*	(200)	(155,56)	(104,77)	(48,33)	13,10	78,92
❿ VAN ou NPV	78,92					
⓫ TRI ou IRR	16,95%					

Regardez les lignes sous le résultat après l'IS (impôt sur les sociétés ❹) : ces lignes concernent le *cash* de l'entreprise.

- **Le résultat après IS ❺** est une notion purement comptable.
- **Les dotations ❻** sont rajoutées car elles ne sont pas réellement décaissées.
- **Le *cash flow* réellement décaissé ❼** initialement est de 200 K€. D'où un *cash flow* dégagé de –200 K€ en année 0. Les années suivantes, les *cash flows* dégagés sont prévisionnels.

- **Les *cash flows* dégagés sont actualisés ❽** à l'année de l'investissement : on leur applique un taux d'actualisation dépréciateur selon le principe que 1 € encaissé demain a moins de valeur que le même 1 € encaissé aujourd'hui. En effet, l'argent encaissé aujourd'hui peut être placé et fructifier.

On estime, par exemple, que 46,67 K€ encaissés en N+1 valent 44,44 K€ encaissés en année N (année de l'investissement).

- **Le *pay back* ❾** mesure, pour chaque année, la différence entre le *cash flow* dégagé actualisé et l'investissement initial. Son passage en positif indique le moment à partir duquel le projet commence à faire gagner de l'argent à l'entreprise. Ici : 4 ans

Pay back = *cash flow* actualisé – investissement initial

- **La VAN** (valeur actualisée nette) ❿ ou NPV (*net present value*) est l'argent réellement dégagé par le projet, soit la différence entre la somme des *cash flow* dégagés actualisés et l'argent investi au départ. Si la VAN est négative, le projet perd de l'argent.

VAN = somme des *cash flow* actualisés – investissement initial

Dans notre exemple, VAN = (44,44 + 50,79 + 56,44 + 61,43 + 65,82) – 200 = 78,92 K€

La VAN est positive. Le projet gagne de l'argent.

- **Le TRI** (taux de rentabilité interne) ⓫ ou IRR (*internal rate return*) compare l'investissement initial à un placement et mesure le taux de rentabilité de cet investissement. Le TRI est une formule complexe qu'on ne peut pas calculer immédiatement. Ce TRI est à comparer avec les taux bancaires en cours. C'est un outil de décision à l'investissement.

Dans notre exemple, le TRI est de 16,95 % chaque année pendant 5 ans. Investir dans ce projet reviendrait à placer l'argent à 16,95 % pendant 5 ans et ce, chaque année.

→ RÉCAPITULONS

- Le ROC est le résultat le plus opérationnel de l'entreprise. S'il est satisfaisant, la société a été opérationnellement performante sur les critères significatifs de l'activité (CA, achats, salaires et investissements).
- Avoir un niveau d'endettement satisfaisant évite de grever le ROC par des frais financiers excessifs.
- La rentabilité d'un investissement se juge sur trois critères :

> la VAN, indiquant le montant rapporté au final par l'investissement ;

> le *pay back*, mesurant le temps nécessaire pour commencer à gagner de l'argent ou regagner sa mise de fonds initiale ;

> le TRI, synonyme de taux de placement de l'argent.

ET VOUS ?

1. Quelles différences faites-vous entre bilan, compte de résultat et état des flux de trésorerie ?
2. Pouvez-vous citer des actions à mener au quotidien sur votre lieu de travail pour améliorer le cash ?
3. Sauriez-vous expliquer les sigles et termes suivants : TRI – VAN – *pay back* – ROC ?
4. Quels sont, selon vous, les niveaux d'endettement à ne pas dépasser ?

CLÉ 2

Acquérir le vocabulaire

« Il ne suffit pas de parler, il faut parler juste. »

William Shakespeare

1. OPEX, CAPEX

→ **EN BREF**

OPEX est l'abréviation de l'expression anglaise *operational expenditure*. Les OPEX sont les dépenses opérationnelles de l'entreprise.

CAPEX est l'abréviation de l'expression anglaise *capital expenditure*. Les CAPEX sont les dépenses d'investissement de l'entreprise.

Une distinction légale

OPEX

Les OPEX sont les frais généraux et de fonctionnement en lien direct avec l'activité. Par exemple, les achats de consommables, les salaires, les dépenses de sous-traitance et de maintenance (entretien, réparation).

Quel que soit leur montant, les OPEX passent immédiatement en charges dans le compte de résultat. Il y a simultanéité entre la comptabilisation de ces dépenses et leur déduction du résultat : dépenses aussitôt comptabilisées et aussitôt déduites !

CAPEX

Les CAPEX sont des dépenses d'investissement. Par exemple, des achats de machines, de bâtiments, de véhicules. Toute dépense qui augmente la valeur de la société se classe dans les CAPEX.

Voici comment un groupe industriel expose dans son rapport de gestion ses décisions d'investissement CAPEX :

« Les décisions d'investissements CAPEX sont au cœur de la mise en œuvre de la stratégie de croissance du Groupe et recouvrent :

- le développement des activités par croissance interne et externe ;
- la progression de l'efficacité et de la fiabilité ;
- l'amélioration de la sécurité industrielle.

Les décisions d'investissement sont soumises à une discipline stricte, car elles engagent le Groupe sur le long terme. Un processus dédié, impliquant la direction générale, est en place pour garantir que les projets sélectionnés respectent les règles d'or du Groupe et soutiendront la croissance à long terme avec un retour minimal attendu sur capitaux employés. »

Ces dépenses CAPEX passent progressivement en négatif dans le compte de résultat à travers les dotations aux amortissements : le résultat se voit déduit d'une quote-part annuelle de la dépense, calculée à partir de la durée de vie du bien. Par exemple, si une entreprise achète 200 K€ une machine dont la durée de vie est estimée à dix ans, elle déduit linéairement 20 K€ du résultat, chaque année pendant dix ans.

Contrairement aux OPEX, il n'y a pas de simultanéité entre l'enregistrement des CAPEX et leur déduction du résultat : dépenses immédiatement faites mais déduction étalée sur la durée d'amortissement évaluée.

Le compte de résultat qui suit permet de repérer :

- que les OPEX ont un impact immédiat sur l'EBE (EBITDA) ❶ ;
- que les CAPEX n'apparaissent pas directement. Ces dépenses font partie des dotations aux amortissements déduites de l'EBE (EBITDA) pour obtenir le résultat d'exploitation (EBIT) ❷ ;
- qu'une mauvaise imputation entre charges et immobilisations aurait un impact sur le résultat légal de l'entreprise.

Compte de résultat (en K€)

		N–1	N	Variation
	CA	5 850	6 502	+11,15 %
OPEX	Coûts des achats	1 948	1 784	
	Marge brute	3 902	4 718	
	% du CA	66,70%	72,56%	
OPEX	Autres achats (loyer, pub, tél...)	941	1 320	+40,28 %
	VA	2 961	3 398	
	% du CA	50,62%	52,26%	
	Taxe apprentissage, contribution foncière...	22	33	
OPEX	Salaires	1 754	2 100	+19,73 %
OPEX	Charges	647	882	+36,32 %
❶ IMPACT DES CAPEX sous forme de dotations	EBE/EBITDA (hors dotations aux amortissements)	538	383	
	% du CA	9,20%	5,89%	
❷	Résultat Exploitation/EBIT (avec dotations aux amortissements)	431	223	
	% du CA	7,37%	3,43%	
	Résultat financier	-32	-42	
	Résultat Net	340	181	
	% du CA	5,81%	2,78%	

Une frontière parfois subtile

Question de montant

Certaines dépenses qui, par leur nature, devraient être des CAPEX sont à considérer dans le compte de résultat comme des OPEX en raison de leur faible montant.

Ainsi, les CAPEX inférieurs unitairement à 500 € HT peuvent être passés en charges immédiatement. Par exemple, l'achat d'une imprimante est normalement un CAPEX. Dans les faits, si l'imprimante est achetée 499 € HT, l'achat peut être considéré comme OPEX et passe immédiatement en charge. À 510 € HT, il doit être classé en CAPEX et amorti sur plusieurs années.

Question de destination de la dépense

Certaines dépenses sont à la frontière OPEX/CAPEX. Par exemple, les dépenses d'entretien courantes ou les frais de développement d'un projet.

Comment discerner ? S'il s'agit d'une simple dépense d'entretien, la dépense est à classer dans les OPEX : maintenance de groupes électrogènes, démontage de pylônes, peinture, ravalement de façade et tous travaux sans impact sur la structure d'un bâtiment.

À partir du moment où une dépense d'entretien augmente la durée de vie du bien, la dépense est à classer dans les CAPEX. Tel est le cas des travaux touchant à la structure d'un bâtiment.

Dans le cas d'un développement de projet, on classe dans les CAPEX toute dépense visant un avantage économique futur, comme les frais de développement d'un prototype destiné à la commercialisation.

→ **RÉCAPITULONS**

Les OPEX sont :

- des frais généraux ;
- des dépenses d'exploitation, en rapport direct avec l'activité ;
- immédiatement passés en charge dans le compte de résultat.

Les CAPEX sont :

- des dépenses d'investissement ;
- des immobilisations ;
- étalés linéairement par dotation aux amortissements dans les comptes de résultat.

2. Rentabilité

→ **EN BREF**

Le retour sur investissement d'un projet est égal au quotient du résultat par la somme initialement investie.

$$\text{Retour sur investissement} = \frac{\text{Résultat}}{\text{Somme des fonds investis}}$$

On exprime ce taux de rentabilité en pourcentage.

Un taux intéressant

La notion de rentabilité des capitaux engagés est fondamentale : elle permet de valider que chaque investissement est bien rentabilisé et respecte l'objectif de l'actionnaire.

Imaginons un investissement initial de 60 K€ dans un projet prévu sur cinq ans. Au bout de cinq ans, le résultat s'élève à 120 K€. Le retour sur investissement est de 50 %.

Il ne suffit pas de gagner de l'argent pour être rentable. Un projet est rentable s'il rapporte suffisamment par rapport aux sommes engagées.

Avoir un taux de rentabilité de 10 % reviendrait à avoir placé, à ce même taux et sur la durée du projet, la somme investie au départ.

→ RÉCAPITULONS

Le taux de rentabilité :

- traduit en pourcentage le retour sur investissement ;
- valide la rentabilité d'un investissement ;
- intéresse directement l'actionnaire.

3. Free cash flow

→ **EN BREF**

Le *cash flow* est le flux réel de liquidité dégagé physiquement dans l'année. Le *free cash flow* correspond au flux réel de liquidité dégagé dans l'année, déduction faite des investissements payés dans la même année. On l'appelle aussi le flux libre d'investissement.

> *Free cash flow* = *cash flow* – investissements payés dans l'année

Si une entreprise dégage dans l'année un *cash flow* de 300 K€ et décaisse réellement 200 K€ en investissements, le montant de son *free cash flow* s'élève à 100 K€.

Un indicateur *cash* de la performance

Le *free cash flow* est un indicateur *cash* de la performance de l'entreprise. En effet, si le *free cash flow* est positif, la société montre sa performance : elle a dégagé dans l'année un flux de liquidité suffisant pour autofinancer ses investissements. Avec ce *free cash flow*, l'entreprise peut distribuer du dividende et/ou se désendetter.

Si le *free cash flow* est négatif, l'entreprise doit s'endetter davantage pour se financer.

→ **RÉCAPITULONS**

Le *free cash flow* est le *cash flow* diminué des investissements payés dans l'année.

Positif, il marque la capacité de l'entreprise à autofinancer ses CAPEX. Négatif, il contraint à augmenter l'endettement.

4. Immobilisation

→ **EN BREF**

Les immobilisations sont des biens durables non destinés à la vente : immeubles, usines, actions dans d'autres sociétés.

Des investissements à amortir

Les immobilisations correspondent au montant HT des investissements à étaler (amortir) en charges (dotations) dans le compte de résultat. Comme nous l'avons vu dans le paragraphe sur les CAPEX, toute immobilisation inférieure à 500 € HT peut être passée en charge immédiatement, bien que correspondant à la définition d'une immobilisation.

La durée de l'amortissement est préconisée par le fisc ou estimée par la société à partir de la durée de vie estimée du bien.

On distingue :

- les immobilisations incorporelles : fonds de commerce, brevets, logiciels...
- les immobilisations corporelles : véhicules, immeubles, micro-ordinateurs, mobilier...
- les immobilisations financières : actions dans d'autres sociétés...

Des dépenses d'investissement visibles au bilan

Les immobilisations se voient dans le bilan : c'est l'actif immobilisé.

Les immobilisations dans le bilan

ACTIF Ce que possède l'entreprise		PASSIF Comment s'est financée l'entreprise	
Actif immobilisé **(biens durables non destinés à être vendus)**		**Capitaux propres**	
Immobilisations incorporelles	**500**	Capital (argent amené par les actionnaires)	1 000
Immobilisations corporelles	**1 500**	Réserves (bénéfice non distribué aux actionnaires et laissé à la société)	1 000
Immobilisations financières	**800**	Résultat (produits – charges de l'année)	600
Actif circulant		**Dettes**	
Stocks (fabriqués non vendus)	500	Emprunts (auprès de banques, de l'État ou de la société mère...)	2 000
Créances clients (facturés au client et non payés)	2 000	Dettes fournisseurs	1 000
Valeurs mobilières de placement	100		
Disponibilité (trésorerie, solde du compte en banque	200		
Total	5 600	Total	5 600

→ **RÉCAPITULONS**

Les immobilisations sont :

- des biens durables non destinés à la vente ;
- des montants à amortir sur une durée établie ;
- directement visibles au bilan.

5. Provision

→ **EN BREF**

Une provision est une charge future estimée. Quand une perte probable est identifiée, elle doit impérativement être prise en compte dans le résultat opérationnel de l'entreprise comme charge potentielle.

En revanche, il n'y a pas de réel mouvement de *cash* : la provision n'est pas une somme mise de côté.

En prévision d'un risque

Les provisions permettent de donner le vrai résultat de l'entreprise compte tenu des risques identifiés. On peut avoir, par exemple :

- une provision pour **stock** difficile à vendre ou endommagé : provision à passer quand le prix de vente probable devient inférieur à la valeur d'achat initial ;
- une provision pour **client douteux** : provision à passer s'il y a risque de non-paiement par le client ;

- une provision pour **risques** : provision à passer pour un risque futur comme un litige avec procès, des frais de restructuration future, un désamiantage obligatoire.

Un faible montant de provisions est signe d'une entreprise en bonne santé avec des clients fiables, des stocks bien gérés.

Avec un impact sur le résultat opérationnel

Impact des provisions sur le résultat opérationnel (en K€)

	N–1	N	Variation
CA	5629	6370	+ 13,16%
Achats	2182	2659	
Marge brute	3447	3711	
% du CA	61,24%	58,26%	
Charges de personnel	1 009	1 072	+ 6,24%
Autres	1 118	1 205	+ 7,78%
EBITDA ou EBE	1 320	1 434	
% du CA	23,45%	22,51%	
Dotation aux amortissements / aux provisions	463	484	+ 4,54%
ROC	857	950	
% CA Marge opérationnelle	15,22%	14,91%	
Résultat Net	556	601	+ 8,09%
% du CA	9,88%	9,43%	

Nous avons vu dans la clé 1 le résultat opérationnel courant ou ROC.

> ROC = CA – (achats + salaires + dotations aux amortissements + provisions) sauf charges et produits considérés comme non opérationnels ou non courants.

Le montant total des provisions impacte directement le ROC, comme le fait apparaître l'exemple ci-dessus.

→ RÉCAPITULONS

Les provisions sont :

- des charges futures prévues et intégrées d'emblée dans le résultat opérationnel ;
- des anticipations financières sur des risques ;
- des montants qui ne donnent pas lieu à des mouvements de *cash*.

6. EBITDA

→ EN BREF

EBITDA est le sigle de l'expression anglaise *earning before interest taxes depreciation amortization.*

En français l'EBITDA est l'EBE, l'excédent brut d'exploitation. Nous avons vu son calcul dans le compte de résultat (clé 1).

> EBITDA ou EBE = valeur ajoutée – (salaires + charges patronales)

On l'appelle aussi la marge opérationnelle productive (MOP).

Un résultat opérationnel

L'EBITDA ne tient pas compte de l'investissement (des amortissements) ni du coût de l'endettement (des intérêts). L'EBITDA ou EBE est le résultat le plus économique, celui sur lequel on considère que vous avez un impact opérationnel direct car vous vendez, vous achetez, vous embauchez.

Distinguer l'EBITDA permet de montrer la performance économique réelle de l'entreprise : sa capacité à maîtriser son niveau de CA, ses achats et ses salaires.

L'exemple ci-dessous montre une dégradation de l'EBITDA en N–1 et N–2. Cette dégradation peut être liée à l'augmentation du coût salarial (en lien, par exemple, avec l'ancienneté) ou du coût des achats (comme une hausse du prix de l'énergie) non répercutée sur les prix de vente.

En N, l'entreprise retrouve un EBITDA satisfaisant. Elle se fixe pour l'année suivante un objectif d'EBITDA à 10 % du CA qu'elle atteindra soit en augmentant ses prix de vente, soit en maîtrisant mieux ses achats et ses salaires.

EBITDA et performance de l'entreprise (en k€)

	N	N–1	N–2	N–3
CA	32 645	30 466	24 882	25 188
EBITDA	3 020	2 163	1 688	2 591
% du CA	9,25 %	7,10 %	6,78 %	10,29 %
ROC	1 255	531	145	980
% du CA	3,84 %	1,74 %	0,58 %	3,89 %
Résultat net	125	697	-980	575
% du CA	0,38 %	2,29 %	-3,94 %	2,28 %

→ **RÉCAPITULONS**

EBITDA = excédent brut d'exploitation (EBE) = marge opérationnelle productive (MOP)

7. Marge opérationnelle

→ **EN BREF**

La marge opérationnelle (MO) est le ratio du résultat opérationnel courant (ROC) sur le chiffre d'affaires. Ce ratio est exprimé en pourcentage.

$$MO = \frac{ROC}{CA}$$

Si une société a un CA de 16 000 K€ et un ROC de 2 500 K€, sa marge opérationnelle est d'environ 16 %.

Un indicateur de la performance économique

La marge opérationnelle correspond à un taux de performance économique. Une marge opérationnelle négative est signe de mauvaise santé de l'entreprise : son CA ne suffit pas à couvrir ses dépenses opérationnelles. Plus la marge opérationnelle positive est importante, plus l'entreprise est en bonne santé et maîtrise ses coûts. D'où l'intérêt de limiter l'augmentation, voire de maîtriser les achats, les charges, les dotations aux amortissements et les provisions, et de vendre au bon prix !

→ **RÉCAPITULONS**

La marge opérationnelle est :

- le ratio ROC/CA ;
- un pourcentage ;
- un taux de performance économique ;
- directement liée à la maîtrise des coûts et au niveau d'activité.

8. Capitaux propres

→ **EN BREF**

Les capitaux propres sont l'argent prêté par l'actionnaire. Il s'agit de la somme :

- du capital : argent prêté à la création de l'entreprise ou après ;
- des réserves : bénéfice gagné et gardé par la société, sans redistribution de dividende à l'actionnaire ;
- du résultat de l'année.

L'endettement interne

Les capitaux propres correspondent à l'endettement interne de la société. Ils apparaissent donc dans le passif du bilan.

Les capitaux propres dans le bilan

ACTIF Ce que possède l'entreprise		PASSIF Comment s'est financée l'entreprise	
Actif immobilisé (biens durables non destinés à être vendus)		Capitaux propres	
Immobilisations incorporelles	500	Capital (argent amené par les actionnaires)	1 000
Immobilisations corporelles	1 500	Réserves (bénéfice non distribué aux actionnaires et laissé à la société)	1 000
Immobilisations financières	800	Résultat (produits – charges de l'année)	600
Actif circulant		Dettes	
Stocks (fabriqués non vendus)	500	Emprunts (auprès de banques, de l'État ou de la société mère...)	2 000
Créances clients (facturés au client et non payés)	2 000	Dettes fournisseurs	1 000
Valeurs mobilières de placement	100		
Disponibilité (trésorerie, solde du compte en banque)	200		
Total	5 600	Total	5 600

Il est toujours intéressant de comparer l'endettement interne à l'endettement externe (les emprunts). Un bon ratio capitaux propres/emprunts est supérieur à 1 : il signifie que la société s'est plus endettée en interne qu'en externe.

→ RÉCAPITULONS

Les capitaux propres sont :

- la somme du capital, des réserves et du résultat de l'année ;
- au passif du bilan ;
- à comparer à l'endettement externe.

ET VOUS ?

1. Sauriez-vous classer les éléments suivants en OPEX ou CAPEX ? Salaires – logiciels – machines – frais de développement – frais de montage – véhicules – sous-traitance.
2. Pouvez-vous citer un indicateur de rentabilité ?
3. Sauriez-vous expliquer la différence entre *cash flow* et *free cash flow* ? entre amortissement et provision ?
4. Pouvez-vous dire l'intérêt de l'EBITDA ? de la marge opérationnelle ?
5. À votre avis, pourquoi les capitaux propres sont-ils une donnée importante du bilan ?

CLÉ 3

Distinguer résultat et *cash*

« Une société meurt avant tout pour un problème de cash et non de résultat. »

(Auteur inconnu)

1. Le résultat n'est pas le *cash* réellement dégagé

→ **EN BREF**

Résultat et *cash* sont deux notions distinctes.

Une entreprise peut avoir un résultat positif et un *cash flow* négatif ou, inversement, un résultat négatif et un *cash flow* positif.

Un calcul différent

- **Le résultat** de l'activité apparaît en bas du compte de résultat et obéit à des règles comptables.

Comme nous l'avons vu dans la clé 1, le compte de résultat augmente à chaque produit : chaque facture client établie pour la livraison d'un bien ou l'exécution d'une prestation de services génère un produit enregistré dans le compte de résultat.

Le compte de résultat diminue aussi à chaque charge enregistrée : facture fournisseur reçue, bulletin de paie émis, dotation d'amortissement, etc.

Enregistrer un produit ou une charge dans le compte de résultat ne signifie pas encaisser ou décaisser des liquidités. Qu'il y ait ou non encaissement ou décaissement de liquidité, le compte de résultat bouge dès qu'il y a activité.

- **Le *cash flow*** est le flux réel de liquidités dégagé par l'entreprise. Il est donc directement lié à l'augmentation ou à la diminution de la trésorerie : le *cash flow* diminue à chaque flux de liquidité sortant et augmente à chaque flux de liquidité entrant.

On comprend dès lors qu'il puisse y avoir un résultat et un *cash flow* différents.

Ainsi, pour 2012, une entreprise de transport logistique a annoncé un résultat net positif de + 697 M€ et un *cash flow* négatif de – 162 M€.

Inversement, un constructeur automobile a annoncé un résultat net négatif de – 1161 M€ et un *cash flow* positif de + 809 M€.

Nous développons ci-dessous les quatre principales causes d'écart entre le résultat et le *cash*.

Les impacts des ventes et achats

- **Impact sur le compte de résultat** : il est immédiat. Le résultat final monte ou baisse dès la facturation (entrante ou sortante), indépendamment du paiement effectif.
- **Impact sur le *cash*** : il a lieu au moment du paiement effectif. Le *cash* monte à l'encaissement d'une facture émise et baisse au paiement d'une facture fournisseur.

Les impacts d'un investissement

- **Impact sur le compte de résultat** : le comptable étale toujours la charge de l'investissement sur la durée de son amortissement. Il crée une dotation aux amortissements qui impacte chaque année le résultat final.

La dotation aux amortissements est nécessairement inférieure à l'investissement.

Par exemple, si l'entreprise ABC investit 300 K€ dans un local immobilier et l'amortit sur 10 ans, elle ampute annuellement le compte de résultat de 30 K€ apparaissant en dotation aux amortissements.

- **Impact sur le *cash* :** le flux de liquidité sortant correspond au paiement effectif de l'investissement.

Dans notre exemple, le *cash* de l'année baisse immédiatement de 300 K€. Pour l'entreprise ABC, l'investissement crée un écart de 270 K€ entre le résultat et le *cash*.

Les impacts d'un emprunt

Un emprunt génère une dette, composée d'un capital à rembourser et d'intérêts à payer. La dette est remboursée sur plusieurs années.

- **Impact sur le compte de résultat** : le comptable passe en charge uniquement le paiement des intérêts de l'emprunt, qui correspondent au coût réel de l'endettement.
Si ABC emprunte 1 M€ à 5 % sur 5 ans, elle doit rembourser à la banque 1 M€ de capital et payer 50 K€ d'intérêts. La première année, elle paie à la banque 250 K€ correspondant à 200 K€ de remboursement de capital et 50 K€ d'intérêts. Le résultat diminue seulement de 50 K€, soit uniquement du coût des intérêts.
- **Impact sur le *cash* :** le *cash* baisse du montant global remboursé à la banque (capital et intérêt).
Dans notre exemple, la première année, ABC rembourse réellement à la banque 250 K€ et le *cash* diminue donc de ces 250 K€.

Pour ABC, le remboursement de la dette crée un écart de 200 K€ entre le résultat et le *cash*.

Les impacts d'une cession d'actifs

Une cession d'actifs est, par exemple, la vente d'un immeuble.

- **Impact sur le compte de résultat** : le comptable enregistre uniquement la plus-value ou la moins-value liée à la vente. Autrement dit, le résultat augmente du montant du gain réalisé ou baisse du montant de la perte subie.

Si ABC revend 1,3 M€ un terrain qu'elle avait acquis pour 1 M€, elle effectue un gain de 300 K€. Le résultat augmente de 300 K€. Si elle revend le terrain pour 900 K€, elle subit une perte de 100 K€. Le résultat baisse alors de 100 K€.

- **Impact sur le *cash* :** le *cash* monte du montant du prix de vente.

Dans l'exemple précédent, le *cash* monte soit de 1,3 M€ soit de 900 K€.

La cession du terrain crée un écart de 1 M€ entre le résultat et le *cash* : en cas de vente à 1,3 M€, le cash est bien de + 1,3 M€ mais le compte de résultat monte seulement de + 300 K€. En cas de vente à 900 K€, le cash s'élève effectivement à + 900 K€ alors que le compte de résultat enregistre une baisse de – 100 K€.

→ RÉCAPITULONS

- Le résultat annuel de l'entreprise est égal à ses produits moins ses charges.

Résultat = produits HT – charges HT

- Le *cash flow* correspond au flux de liquidités réellement dégagé dans l'année, soit la différence entre les encaissements et les décaissements.

Cash flow = encaissements – décaissements

- Résultat et *cash* sont distincts car les opérations réalisées par l'entreprise les impactent de façon différente. Le tableau qui suit met en regard ces impacts.

Impact des opérations sur le résultat et sur le *cash flow*

Impact / Opération	Impact sur le résultat		Impact sur le *cash*
Achat/vente	Montant facturé	≠	Montant des encaissements et décaissements
Investissement	Montant de la dotation aux amortissements	≠	Montant total de la transaction
Dette	Montant des intérêts	≠	Montant total remboursé à la banque (capital + intérêts)
Cession d'actif	Montant de la plus-value ou de la moins-value réalisée	≠	Montant total de la vente

2. Étude de cas

→ **EN BREF**

Voici une étude de cas qui illustre la différence entre le résultat et le *cash*. Analysons comment un projet peut être positif côté résultat et négatif côté *cash*.

Le cas de Motorstock et du projet ZFO

Georges est le patron de Motorstock, entreprise de sous-traitance de pièces détachées pour tracteurs et camions. Son affaire tourne bien, sa clientèle est fidèle et il sait compter sur ses douze employés.

Courant 2012, un important constructeur de camions (ZFO) lui propose une opportunité nouvelle : prendre en charge la fabrication et la réparation des pièces détachées des moteurs de ses camions. Georges jubile :

la proposition semble une aubaine pour augmenter le CA de plus de 25 % dès 2013.

Pour honorer ce contrat, Georges sait qu'il doit concevoir, réaliser et mettre au point de nouveaux outillages, investir dans du matériel, embaucher un ou deux opérateurs et agrandir le magasin. Finalement, en y réfléchissant, il se demande si cette opération augmentera réellement son résultat ou son *cash flow*, voire les deux…
Étudions le cas.

Données financières de Motorstock

Bilan d'ouverture de Motorstock au 1er janvier 2013 avant le projet ZFO

ACTIF				PASSIF	
	Brut	Amort.	Net		
Bâtiments	1 000 000	300 000	700 000	Capital	1 000 000
Machines	500 000	200 000	300 000	Réserves	50 000
Fourgon	20 000	20 000	0	Résultat	
Stocks	220 000		220 000	Emprunt	200 000
Clients	230 000		230 000	Fournisseurs	115 000
Trésorerie				Découvert	85 000
TOTAL	1 970 000	520 000	**1 450 000**	TOTAL	**1 450 000**

Nous commenterons ci-dessous les éléments de ce bilan. En effet, ils servent de base aux évaluations de résultat et de *cash flow* auxquelles se livre Georges.

Impact du projet ZFO sur le compte de résultat

Début 2013, Georges établit un résultat d'exploitation prévisionnel de son activité 2013 sans intégration du projet ZFO et avec intégration du projet ZFO.

Résultat prévisionnel 2013 de Motorstock sans et avec le projet ZFO (en €)

		Sans ZFO	Avec ZFO	Variation
1	CA	1 417 500	1 863 000	+ 445 500
2	Achats	695 250	997 650	+ 302 400
3	Salaires	342 000	367 000	+ 25 000
4	Charges sociales	153 900	165 150	+ 11 250
5	Autres charges	10 000	12 500	+ 2 500
6	Impôts et taxes	45 000	54 000	+ 9 000
	EBITDA	171 350	266 700	+ 95 350
7	Amortissements	100 000	125 000	+ 25 000
8	Résultat exploitation	71 350	141 700	+ 70 350
	% du CA	5,03 %	7,61 %	+ 2,58 %
9	Intérêts d'emprunt	10 000	17 500	+ 7 500
10	IS 33 %	20 246	40 986	+ 20 740
11	Résultat net	41 104	83 214	+ 42 110

1 Le CA

- Sans le projet ZFO, le montant du CA correspond à la vente de 1 350 produits à 1 050 € l'unité.

CA = 1 350 × 1 050 = 1 417 500 €

- Avec le projet ZFO, Georges vendra à ZFO 270 produits supplémentaires à 1 650 € l'unité.

Le CA augmentera de 270 × 1 650 = + 445 500 €.

❷ Les achats

- Sans le projet ZFO, les achats représentent 1 350 pièces semi-usinées à 515 € l'unité.

1 350 × 515 = 695 250 €.

- Pour fournir ZFO, Georges achètera 270 pièces semi-usinées supplémentaires à 1 120 € l'unité.

Le montant des achats augmentera de 270 × 1 120 = + 302 400 €.

❸ Les frais de personnel

- Ils correspondent aux salaires bruts des 12 employés, dont le détail est le suivant :

Frais de personnel de Motorstock (en €)

Effectif	Fonction	Salaire brut annuel par personne
1	Chef entreprise	50 000
1	Secrétaire comptable	22 000
1	Chef atelier	40 000
1	Contrôleur	30 000
3	Ajusteurs	25 000
5	Opérateurs	25 000
	Salaires bruts totaux	342 000

- Pour le projet ZFO, il faudra embaucher un opérateur supplémentaire, soit un coût salarial brut supplémentaire de + 25 000 €.

❹ **Les charges sociales patronales** sont calculées sur les salaires bruts avec un taux de 45 %.

- Sans le projet ZFO, le montant s'élève donc à (45 %) × 342 000 = 153 900 €
- En embauchant un opérateur supplémentaire pour ZFO, les charges salariales et patronales augmenteront de (45 %) × 25 000 = + 11 250 €

❺ **Les autres charges**

- Georges fait travailler un expert-comptable. La charge annuelle est de 10 000 €.
- Avec le projet ZFO, il prévoit une augmentation des frais de comptabilité de + 2 500 €.

❻ **Les impôts et taxes** comprennent entre autres la taxe foncière. Avec l'activité ZFO, ils augmenteront de + 9 000 €.

❼ **Les amortissements**

- Sans ZFO, ils se décomposent ainsi :
  > 1 bâtiment d'une valeur de 1 M€, amorti en linéaire sur 20 ans, soit une dotation annuelle de 50 K€ ;
  > 5 machines d'une valeur unitaire de 100 K€, amorties sur 10 ans, soit une dotation annuelle de 50 K€.

La dotation globale annuelle aux amortissements s'élève donc à 50 K€ + 50 K€ = 100 K€.

- Le projet ZFO nécessitera de nouveaux investissements :
  > l'agrandissement du bâtiment pour 100 K€ amortis en linéaire sur 20 ans, soit une dotation annuelle supplémentaire de 5 K€ ;
  > des aménagements pour 100 K€ amortis en linéaire sur 10 ans, soit une dotation annuelle supplémentaire de 10 K€ ;

> 1 nouvelle machine-outil d'une valeur de 100 K€ amortis en linéaire sur 10 ans, soit une dotation annuelle supplémentaire de 10 K€.

Avec le projet ZFO, les amortissements supplémentaires s'élèveront donc à + 25 K€.

8 Le résultat d'exploitation

Sans le projet ZFO, il s'élève à 71 350 €, soit 5,03 % du CA.

Avec le projet ZFO, il s'élèvera à 141 700 € soit 7,61 % du CA. Il monte, ce qui est encourageant.

9 Les intérêts d'emprunt : ils augmentent en proportion du montant emprunté.

10 L'impôt sur les sociétés (IS) conserve son taux de 33 % mais augmente en proportion du CA.

11 Le résultat net correspond au résultat d'exploitation, déduction faite des intérêts d'emprunt et de l'IS.

Accepter le projet ZFO aurait un impact très positif sur le résultat net qui doublerait dès la première année. Ces prévisions de résultat pourraient décider Georges...

Impact du projet ZFO sur le *cash flow*

Qu'en sera-t-il du *cash flow* ou flux réel de liquidités généré par le projet ZFO ? Georges se livre pour l'année 2013 aux mêmes prévisions que pour son résultat.

Tableau du *cash flow* prévisionnel 2013 de Motorstock sans et avec le projet ZFO (en €)

		Sans ZFO	Avec ZFO
❶	Résultat net	41 104	83 214
❷	Dotations aux amortissements	100 000	125 000
❸	Variation stock	0	0
❹	Variation clients	(6 250)	(80 500)
❺	Variation fournisseurs	2 542	(4 150)
❻	***Cash flow* opérationnel**	**137 396**	**123 564**
❼	Investissements payés	0	(300 000)
❽	Emprunt remboursé	(40 000)	(40 000)
❾	Nouvel emprunt		150 000
❿	Évolution de la trésorerie	97 396	(66 436)
⓫	Trésorerie au 1er janvier 2013	(85 000)	(85 000)
⓬	**Trésorerie prévisionnelle au 31/12/2013**	**+ 12 397**	**(151 436)**

❶ **Le résultat net** est basé sur le résultat comptable dégagé.

❷ **Les dotations aux amortissements** sont des charges non décaissées. Elles baissent le résultat mais ne correspondent pas à une réelle sortie d'argent. Pour calculer le *cash flow* opérationnel, elles sont donc rajoutées au résultat, ce qui efface leur impact. Les dotations augmentent le *cash flow*.

❸ **Les niveaux de stock** n'ont pas évolué d'une année sur l'autre, ce qui est visible dans le bilan d'ouverture.

❹ **La variation clients** est la variation du montant des créances clients entre le début et la fin de l'exercice.

Au 1er janvier 2013, Georges a 230 K€ de créances clients.

- Sans le projet ZFO, il prévoit d'avoir 236 250 € de créances au 31 décembre 2013, soit une différence de 6 250 € qui correspond à une somme non encaissée et donc déduite du *cash flow* prévisionnel.
- Avec le projet ZFO, il prévoit d'avoir 310 500 € de créances clients au 31 décembre 2013. En effet, ce client paye moins vite. Georges a valorisé les créances clients à 60 jours de CA. Il obtient le résultat :

$$\text{Créances clients} = \left(\frac{1\,863\,000 \times 60}{360}\right) = 310\,500\ €$$

Il y aura donc une variation égale à (230 000 – 310 500) = – 80 500 €, montant qui vient impacter en négatif le *cash flow* opérationnel prévisionnel.

❺ **La variation fournisseurs** est la variation du montant de la dette envers les fournisseurs entre le début et la fin de l'exercice.

Au 1er janvier 2013, Georges a 115 000 € de dette fournisseurs.

- Sans le projet ZFO, il prévoit que cette dette s'élève à 117 542 € au 31 décembre 2013, soit une différence de 2 542 € qui correspond à une somme non décaissée.
- Avec le projet ZFO, il prévoit que cette dette diminue à 110 850 € au 31 décembre 2013. En effet, les achats des produits semi-industrialisés destinés à ZFO doivent être réglés plus rapidement. Georges a valorisé la dette fournisseurs à 40 jours d'achats. Il obtient le résultat :

$$\text{Dette fournisseurs} = \left(\frac{997\,650 \times 40}{360}\right) = 110\,850\ €$$

Il y a donc une variation égale à (115 000 – 110 850) = 4 150 €, montant qui vient impacter en négatif le *cash flow* prévisionnel : Georges diminuera sa dette parce qu'il décaissera davantage de liquidités.

❻ **Le *cash flow* opérationnel** correspond à la somme des lignes ❶ à ❺. Le projet ZFO viendrait impacter de 18 832 € ce *cash flow* opérationnel.

❼ Avec le projet ZFO, Georges décaisse 300 K€ qui correspondent à ses **investissements** (agrandissement, rénovation, nouvelle machine).

❽ En 2013, Georges rembourse son **emprunt** à hauteur de 40 000 € (capital).

❾ Pour honorer le contrat ZFO, Georges investit (agrandissement, rénovation, machine). Sur les 300 K€ nécessaires, la banque accepte de financer les bâtiments (100 K€) et la moitié de la machine-outil (50 K€). **Le nouvel emprunt** contracté est donc de 150 K€ qui viennent augmenter le *cash flow* prévisionnel. Les 150 K€ supplémentaires seront financés sur les fonds propres de la société.

❿ **L'évolution de la trésorerie** correspond au *cash flow* opérationnel auquel on soustrait les lignes ❼ à ❾.

⓫ Le montant de la **trésorerie d'ouverture** correspond à la trésorerie donnée dans le bilan au 1er janvier 2013.

⓬ **La trésorerie prévisionnelle** est la somme de ❿ et ⓫.

- Sans projet ZFO, le solde de la trésorerie prévisionnelle au 31 décembre 2013 s'élève à + 12 396 €. Alors qu'il était négatif en début d'exercice, il redevient positif. C'est une bonne perspective !
- Avec le projet ZFO, le solde de la trésorerie prévisionnelle au 31 décembre 2013 descendra à – 151 436 €. Le projet dégraderait encore la trésorerie de l'entreprise.

Deux raisons à cette dégradation du solde de trésorerie :

- le *cash flow* opérationnel baisse : le résultat monte mais il y a plus de créances clients non payées et les fournisseurs sont payés plus vite. Automatiquement, le BFR (et donc le *cash flow*) se dégrade.
- La société fournit un effort important sur fonds propres, la banque ne finançant que 50 % de l'investissement global.

Conclusion de Georges

Côté résultat, le projet ZFO aurait un impact très positif puisqu'il permettrait de doubler le résultat de Motorstock dès la première année d'exercice. De fait, la société a besoin d'avoir un bon résultat. En cas de doute, revoyez la clé 1.

Côté *cash*, le projet ZFO aurait un impact très négatif puisqu'il multiplierait par plus de 1,7 le solde de trésorerie déjà négatif de la société. Or, la société a besoin de ce *cash* qui est le nerf de la guerre ! En cas de doute, revoyez la clé 1.

Pour rendre ce projet viable, Georges doit absolument résoudre le problème du *cash*. Il a deux solutions non exclusives l'une de l'autre :

- renégocier la participation de la banque ;
- renégocier les conditions clients et fournisseurs.

→ RÉCAPITULONS

Un projet peut se montrer positif pour le résultat mais négatif pour le *cash*. En effet, l'analyse des impacts financiers d'un projet doit passer par un calcul de *cash flow*, soit de trésorerie prévisionnelle, incluant les éléments suivants :

- les dotations aux amortissements ;
- la variation des créances clients ;
- la variation des dettes fournisseurs ;
- les investissements décaissés ;
- les remboursements d'emprunts.

ET VOUS ?

1. Pouvez-vous citer les différences entre le résultat et le *cash flow* ?

2. Classez tous les termes ci-dessous dans le bon ensemble : impactent-ils le résultat, le *cash* ou les deux ?
Dividendes versés – vente comptant – factures clients – dotations aux amortissements – augmentation des emprunts – achat de marchandise comptant – reprise de provisions – acquisitions d'éléments d'actifs – variation de stocks – factures fournisseurs – cession d'actif immobilisé – salaires payés

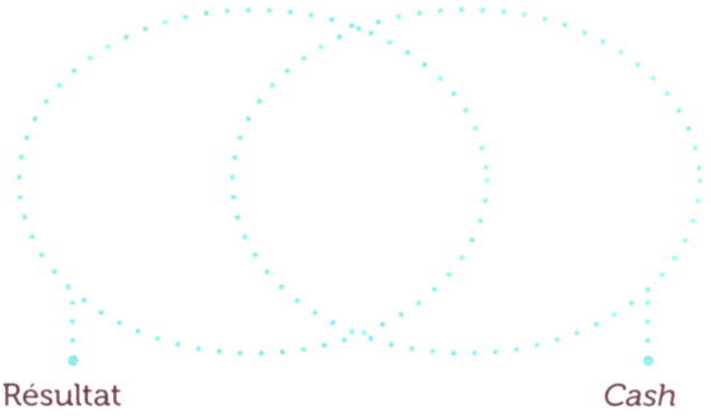

3. Vérifiez la solution ! Les impacts positifs sont signalés par (+), les impacts négatifs sont signalés par (-). En cas d'erreur, relisez la clé 3.

CLÉ 4

Savoir interpréter un rapport financier

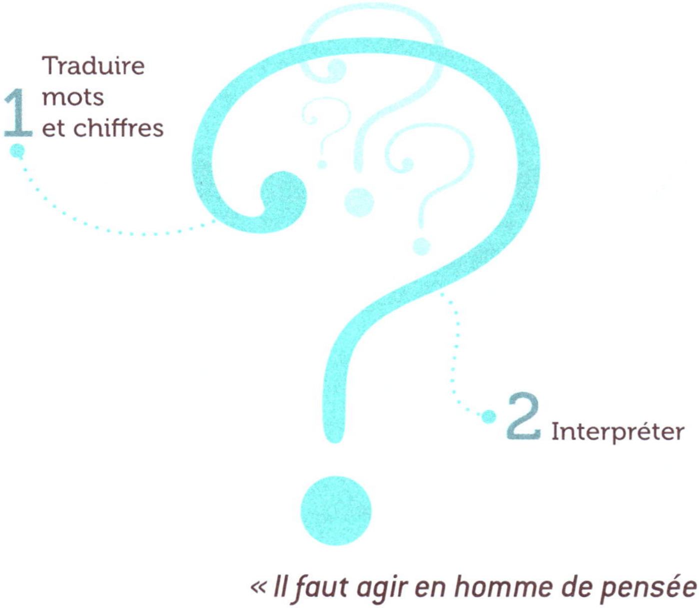

« Il faut agir en homme de pensée et penser en homme d'action. »

Henri Bergson

1. Traduire mots et chiffres

→ **EN BREF**

La maîtrise du langage financier est indispensable pour interpréter une communication financière. Les mots sont aussi importants que les chiffres.

Comprendre une communication financière

Lisez ci-dessous les extraits de la communication financière adressée aux actionnaires de l'entreprise :

« La situation du bilan montre un ratio d'endettement *Gearing* satisfaisant.

Bilan

ACTIF				PASSIF	
	Brut	Amort	Net		
Bâtiments	1 500 000	700 000	800 000	Capital	150 000
Machines	500 000	450 000	50 000	Réserves	10 000
Fourgon	20 000	20 000	0	Résultat	556 000
Stocks	420 000		420 000	Emprunt	700 000
Clients	330 000		330 000	Fournisseurs	100 000
Trésorerie				Découvert	84 000
TOTAL	2 770 000	1 170 000	**1 600 000**	TOTAL	**1 600 000**

Les CAPEX (immobilisations) restant néanmoins légèrement obsolètes, un plan d'investissement soutenu est prévu pour 2013.

La plus-value latente sur l'actif immobilier s'élève à plus de 1 million [...]

Le découvert est dû au montant important du BFR, toutefois toujours à seulement 10 % de l'activité.

Au niveau *P & L*, voici nos résultats 2012 :

P & L (en K€)

		2011	2012	Variation
1	CA	5 629	6 370	+ 13,16 %
2	Achats	2 182	2 659	
3	Marge brute	3 447	3 711	
	% du CA	61,24 %	58,26 %	
4	Charges de personnel	1 009	1 072	+ 6,24 %
	Autres	1 118	1 205	+ 7,78 %
5	EBITDA ou EBE	1 320	1 434	
	% du CA	23,45 %	22,51 %	
6	Dotation aux armotissements	463	484	+ 4,54 %
7	ROC	857	950	
8	% du CA (Marge opérationnelle)	15,22 %	14,91 %	
9	Résultat net	556	601	+ 8,09 %
10	% du CA	9,88 %	9,43 %	

Le point mort semble toujours se situer entre 4 500 et 5 000 [...].

Dans la ligne dotation, une provision pour risque a été passée à hauteur de 200 K€.

En revanche, nous ne pouvons donner des chiffres de rentabilité pour l'instant [...].

Nos budgets 2013 sont prêts ; nous prévoyons un 3 + 9 et un 9 + 3 classique, comme en 2012.

Merci de votre confiance, chers actionnaires, nous promettons de tout mettre en œuvre pour arriver à vos objectifs [...]. La direction »

Comment traduire les « gros mots » financiers ?

Avez-vous compris le texte qui accompagne les tableaux ? Sans doute pas complètement ! Reprenons phrase par phrase les « gros mots » employés dans cette communication financière.

- *« La situation du bilan [...] »*

Traduction : le bilan est l'état des actifs et des passifs à la date de clôture de l'exercice.

- *« [...] montre un ratio d'endettement Gearing satisfaisant. »*

Tableau du ratio *Gearing* (€)

	Capital	150 000
	Réserves	10 000
	Résultat	556 000
❶	Capitaux propres	716 000 €
❷	Emprunts	700 000 €
❸	Capitaux propres/emprunts (Ratio *gearing*)	1,02

Traduction : regardez le tableau ci-dessous. Le ratio *Gearing* ❸ est le rapport entre les capitaux propres ❶ et les emprunts ❷. Si le ratio est proche de 1, il montre un endettement raisonnable. C'est le cas ici.

- *« Les CAPEX [capital expenditure] (immobilisations) restant néanmoins légèrement obsolètes, un plan d'investissement soutenu est prévu pour 2013. »*

Traduction : les valeurs nettes des immobilisations dans le bilan sont peu élevées. Ce faible montant signifie un fort amortissement, surtout sur le poste machine (soit l'outil industriel). L'entreprise compte investir pour renouveler son outil industriel.

- *« Toutefois, la plus-value latente sur l'actif immobilier s'élève à plus de 1 million. »*

Traduction : les bâtiments se vendraient aujourd'hui au moins 1 M€ de plus que leur valeur nette de 800 K€ soit plus de 1,8 M€.

- *« Le découvert est dû au montant important du BFR, toutefois toujours à seulement 10 % de l'activité. »*

Traduction : il y a un problème de *cash* lié au besoin en fonds de roulement (BFR).

Le tableau qui suit en donne l'explication : la somme ❹ des stocks non vendus ❶, des factures clients non encaissées ❷ et des factures fournisseurs non décaissées ❸ représente 10 % du montant du CA ❺.

Tableau du calcul du BFR (€)

❶	Stocks	420 000
❷	Clients	330 000
❸	Fournisseurs	(100 000)
❹	BFR fin d'année	650 000
	CA de l'année	6 370 000
❺	BFR/CA en %	10,20 %

- *« Au niveau P & L, voici nos résultats 2012 en K€. »*

Traduction : le *P & L* (*profit and loss*) est le nom anglais du compte de résultat. Si besoin, revoyez la clé 1.

Tous les commentaires à suivre renvoient au tableau du *P & L* (p. 65). Les chiffres sont donnés en K€.

- *« Le point mort semble toujours se situer entre 4 500 et 5 000 K€. »*

Traduction : tant que le CA ❶ n'atteint pas ces montants, la société ne dégage pas un bénéfice.

- *« Dans la ligne dotation, une provision pour risque a été passée à hauteur de 200 K€. »*

Traduction : un risque évalué à 200 K€ a été identifié. Le résultat a été baissé de 200 K€, sur la ligne des dotations aux amortissements et provisions ❻. Mais attention, le *cash* n'a pas été diminué de ce montant !

- *« En revanche, nous ne pouvons donner de chiffres de rentabilité pour l'instant. »*

Traduction : la rentabilité (le gain financier) dépend à la fois du gain et de l'investissement initial. Or, cette communication donne le calcul des résultats et de la marge mais ne compare pas avec la mise de fonds. Il n'y a donc effectivement pas de chiffre de rentabilité.

- *« Nos budgets 2013 sont prêts ; nous prévoyons un 3 + 9 et 9 + 3 classique comme en 2012. »*

Traduction : le budget est établi. Il est prévu de réactualiser ce budget fin mars (réactualisation au 3e mois pour les 9 mois suivants) et fin septembre 2013 (réactualisation au 9e mois pour les 3 mois suivants) comme en 2012.

Comment traduire les chiffres ?

Après la lecture de la clé 1, vous avez acquis quelques réflexes de traduction en mots des chiffres du compte de résultat.
Exercez-vous sur le compte de résultat inséré dans l'exemple précédent. Ensuite seulement, comparez vos réponses avec ces quelques éléments essentiels :

- N'oubliez pas que le compte de résultat se lit pour l'année N (2012) en comparant avec l'année N–1 (2011).
- Le CA ❶ croît de +13 % : ☺
- La marge brute ❸ monte en valeur mais baisse en % du CA (–3 %) : ☹
- Les coûts des achats industriels ❷ ont augmenté de 3 %, sans doute en lien avec une hausse du coût des matières premières.

- L'EBITDA ou EBE ❺ semble régresser en % du CA : ☺

L'écart perdu en marge est en partie rattrapé par une hausse modérée des salaires ❹.

- Le résultat d'exploitation ou ROC ❼ augmente : ☺ les investissements ont peu d'impact. Les dotations ❻ n'augmentent que de + 4,54 % alors que le CA ❶ augmente de 13 %.
- Le % de ROC 2012 ❽ est donc quasiment celui de 2011.
- Le résultat net ❾ augmente en volume de 45 K€ : ☺ cette augmentation satisfaisante donne un % du CA ❿ assez proche de celui de l'année précédente.

→ RÉCAPITULONS

Une communication financière commente toujours des chiffres.

Pour l'interpréter, commencez par traduire les gros mots financiers : chaque terme renvoie à une réalité bien précise.

Prenez aussi le réflexe de vous référer aux tableaux transmis. Notamment, vérifiez l'adéquation entre les commentaires et les données (compte de résultat, bilan, tableau de trésorerie, annexes).

2. Interpréter

→ **EN BREF**

Un rapport financier circonstancié est un objet de communication de l'entreprise et engage sa responsabilité. Précision, crédibilité et honnêteté sont de rigueur, d'où les dizaines de pages que peuvent représenter certaines communications.

En s'appuyant sur des indicateurs précis, cette information a pour objectif de donner une meilleure visibilité de la société et de ses projets. Comment interpréter les messages envoyés par les appréciations que l'entreprise fait de ses propres résultats ?

Lire entre les lignes

Voici des extraits du communiqué de presse publié en février 2012 par un groupe industriel. Le communiqué compte plusieurs dizaines de pages car il entre dans un niveau de détail très précis. Nous reproduisons les paragraphes essentiels, avant d'en donner la traduction.

- *« Paris, le 22 février 2012*

2011 : objectifs financiers et commerciaux tenus, cash flow opérationnel supérieur aux attentes

2012 : priorité à l'efficacité opérationnelle, à la solidité financière et à l'innovation marketing et technologique. »

Les indicateurs financiers (en M€)

		2011	2010	Variation
❶	Chiffres d'affaires	45 277	46 020	(1,61%)
❷	EBITDA retraité	15 083	15 846	(4,82%)
	En % du CA	33,31%	34,43%	
❸	Résultat d'exploitation	7 948	7 562	+ 5,10%
	En % du CA	17,55%	16,43%	
❹	Résultat net par du groupe	3 895	4 880	
	En % du CA	8,60%	10,60%	
❺	CAPEX	5 770	5 584	
	En % du CA	12,74%	12,13%	
❻	*Cash flow* opérationnel	9 313	10 261	
❼	Endettement financier net	32 331	30 890	
	Ratio dette nette/EBITDA	2,14	1,95	

Traduction : les objectifs de résultat 2011 semblent tenus. La trésorerie dégagée par l'activité (hors dépenses investissement et financement) est même supérieure aux prévisions. Le *cash* est arrivé plus vite que prévu. Le tableau donne les indicateurs-clés que le communiqué de presse commente pas à pas.

- *« Le chiffre d'affaires consolidé s'élève à 45,277 milliards d'euros et ressort, en ligne avec les dernières anticipations du Groupe, stable par rapport à 2010 à base comparable et hors mesures de régulation. »*

Traduction : le montant du CA ❶ apprécié est celui du CA consolidé c'est-à-dire comprenant le CA de la maison mère et le CA des filiales intégrées dans la consolidation. Ce CA est apprécié « à base comparable » : à périmètre constant (avec les mêmes sociétés consolidées que l'année précédente) et/ou hors variation du change.

- *« L'EBITDA retraité s'élève à 15,083 milliards d'euros. La marge d'EBITDA retraité (33,3 %) enregistre une érosion limitée à –1,1 point, en ligne avec l'anticipation du Groupe. »*

Traduction : L'EBITDA ❷ est dit retraité, soit calculé sans impacts d'éléments exceptionnels. Le taux d'EBITDA est fort à 33 % mais normal dans le secteur d'activité du Groupe. La baisse de 1,1 point de ce taux avait été prévue par le Groupe.

Dans un paragraphe suivant (non reproduit ici), le Groupe détaille les raisons de la baisse du taux de l'EBITDA : une forte augmentation des charges commerciales et marketing et une réduction de la marge.

- *« Les investissements (5,770 milliards d'euros) progressent de 3,3 % par rapport à 2010, à base comparable, soit un taux d'investissement de 12,7 % du chiffre d'affaires, conforme à la trajectoire 2011-2013. »*

Traduction : les investissements représentent 12,7 % du CA. Ce ratio Investissements/CA est important car il montre un certain renouvellement du matériel par rapport à l'activité. À 12,7 %, ce ratio semble bon.

- *« Le cash flow opérationnel (EBITDA – CAPEX) retraité s'élève à 9,313 milliards d'euros, dépassant ainsi l'objectif donné d'un cash flow opérationnel légèrement supérieur à 9 milliards d'euros en 2011. »*

Traduction : Le *cash flow* opérationnel ❻ correspond au calcul (EBITDA – CAPEX) ou encore au calcul (CA – Achats – Salaires – Investissements décaissés dans l'année).

Comme il s'agit de l'argent dégagé par l'activité, le *cash flow* opérationnel est un levier de communication important. Ici, le montant du *cash flow* opérationnel montre que l'EBITDA de l'année finance l'investissement payé durant cette même année.

- *« La dette nette s'établit à 32,331 milliards d'euros au 31 décembre 2011. Le ratio retraité dette nette/EBITDA s'établit à 2,09. »*

Traduction : La dette nette ou endettement financier net ❼ est un point sensible de la communication. La dette nette correspond au calcul emprunts dus – *cash* possédé, soit à l'endettement réel.

Le ratio dette nette/EBITDA, c'est-à-dire dette réelle/argent gagné indique le temps nécessaire pour rembourser la dette. Il s'agit de limiter l'endettement en fonction de l'argent dégagé par l'activité, de la même façon qu'un particulier emprunte au niveau que lui permet son salaire.

Ici, le ratio dette nette/EBITDA est de 2,09. On peut donc dire qu'en deux années d'EBITDA, le Groupe rembourse sa dette. En revanche, en cas de baisse de l'EBITDA (due à une baisse de CA ou à une hausse des coûts d'achats ou salariaux), le ratio se dégraderait. Pour rétablir le ratio, le Groupe aurait besoin de baisser le numérateur du ratio et se retrouverait donc dans l'obligation de se désendetter.

- *« Le Groupe confirme le versement d'un dividende de 1,40 € au titre de l'exercice 2011, dont le solde (0,80 € euro par action) sera payé en numéraire le 13 juin 2012. »*

Traduction : le Groupe va distribuer un dividende à son actionnaire. L'actionnaire a déjà reçu un acompte sur dividende et recevra le solde le 13 juin 2012. L'indication du dividende unitaire permet aux actionnaires de comparer le montant avec les années antérieures.

« Le Groupe anticipe un cash flow opérationnel proche de 8 milliards d'euros en 2012 et confirme ainsi sa vision stratégique à horizon 2015. Compte tenu du contexte macro-économique et concurrentiel incertain, le Groupe décide d'adapter sa politique de rémunération des actionnaires en l'alignant sur sa génération de cash flow opérationnel. Le montant total alloué au dividende au titre des exercices 2012 et 2013 devrait être compris dans une fourchette de 40 % à 45 % du cash flow opérationnel de l'exercice afin de préserver, en toutes circonstances, la solidité financière du Groupe et maintenir un ratio dette nette/EBITDA autour de 2 à moyen terme. »

Traduction : le Groupe prévoit en 2012 un *cash flow* dégagé par l'activité proche de 8 milliards d'euros. Le chiffre est inférieur aux 9,313 milliards d'euros de 2011.

Le Groupe décide donc que l'augmentation des dividendes dépendra du *cash* dégagé par l'activité. La décision semble logique et saine : il s'agit de verser aux actionnaires une proportion du *cash flow* opérationnel (40 % à 45 %) qui permette de garder du *cash* pour le remboursement des emprunts.

Le Groupe confirme sa volonté de conserver un ratio dette nette/EBITDA ❼ égal à 2 et prouve ainsi à son actionnaire sa maîtrise de l'endettement.

→ RÉCAPITULONS

Le plus souvent, un groupe communique sur sept points stratégiques :

- **Le montant en volume du CA :** pour montrer le développement commercial ou la taille critique du groupe.
- **L'EBITDA** : pour souligner la performance économique.
- **Le ratio investissements/CA** : pour mettre en valeur les investissements récents et le renouvellement du matériel.
- **Le *cash flow* opérationnel,** résultat du calcul *cash flow* dégagé par l'activité – investissements payés dans l'année : pour rassurer sur les sommes disponibles pour le dividende et/ou le désendettement.
- **L'endettement :** pour montrer sa maîtrise de l'endettement, il commente le ratio (dette nette/EBITDA).
- **La distribution du dividende :** pour souligner sa volonté de rémunérer l'actionnaire.
- **Le futur** : pour confirmer à l'actionnaire sa volonté de le rémunérer tout en ne dégradant ni l'endettement ni l'investissement.

ET VOUS ?

1. Quels sont, à vos yeux, les objectifs prioritaires d'une société en communicant ses résultats ?

2. Si vous aviez à communiquer sur des résultats, dans quel ordre d'importance choisiriez-vous les critères d'appréciation ci-dessous ? CA – EBITDA – ratio CAPEX/CA – CAPEX – *cash flow* opérationnel – résultat d'exploitation – résultat net – ratio dette nette/EBITDA – dividende distribué

3. Quels tableaux d'indicateurs-clés joindriez-vous à cette communication ? Pourquoi ?

CLÉ 5

Agir en fonction des décisions de la direction

1. Les performances financières
2. Comment améliorer l'EBE ?
3. Comment agir sur le BFR ?

« La conscience d'avoir bien agi est une récompense en soi. »

Sénèque

1. Les performances financières

→ **EN BREF**

Les performances financières des opérationnels sont jugées selon deux critères :

- la capacité à dégager de la marge ;
- la capacité à dégager du *cash*.

Dégager de la marge

La direction de l'entreprise attend d'un opérationnel que son service, son département ou son produit dégage une marge suffisante. Cette performance économique dépend de trois facteurs :

- la maximisation du CA ;
- une gestion rigoureuse des achats ;
- une masse salariale adéquate.

L'indicateur de mesure et levier d'action de cette performance financière est l'excédent brut d'exploitation (EBE). Si besoin, revoyez sa définition dans la clé 1.

Dégager du *cash*

La direction attend aussi de l'opérationnel que son service, son département ou son produit dégage un réel flux de trésorerie : du *cash* réellement entré sur le compte en banque de l'entreprise et mesuré pendant une période donnée.

L'indicateur de mesure et levier d'action de cette performance financière est le besoin en fonds de roulement (BFR) et donc le *cash*. Si nécessaire, revoyez la définition du BFR dans la clé 1.

Distinguer les impacts sur l'EBE et sur le *cash*

Les événements et les décisions peuvent avoir un impact positif ou négatif soit sur l'EBE, soit sur le *cash*, soit sur les deux.

Testez-vous : pour chaque événement décrit, notez (0), (+) ou (–) dans la colonne EBE et/ou dans la colonne *cash* selon l'impact nul, positif ou négatif que vous attribuez à cette situation sur l'EBE et/ou sur le *cash*.

Impacts sur l'EBE et/ou le *cash*

Événements	Impact sur EBE	Impact sur ***Cash***
a. Je passe une commande d'achat auprès d'un fournisseur.		
b. L'attaché commercial livre et facture ses machines.		
c. Je reçois la facture d'une machine-outil qui ne sera mise en service que dans 6 mois.		
d. Le trésorier émet le virement de cotisations sociales.		
e. Le sous-traitant paye un stock vendu à prix coûtant.		
f. Je verse un acompte sur l'achat d'une machine-outil.		
g. Un client paie une facture.		
h. L'entreprise paie un acompte de 25 % à la commande.		
i. L'entreprise paie des dividendes aux actionnaires.		
j. Une provision pour litige est constituée.		

Solutions : a : EBE (0), *Cash* (0)/ b : EBE (+), *Cash* (0)/ c : EBE (0), *Cash* (0)/ d : EBE (0), *Cash* (–)/ e : EBE (0), *Cash* (+) / f : EBE (0), *Cash* (–)/ g : EBE (0), *Cash* (+) / h : EBE (0), *Cash* (–)/ i : EBE (0), *Cash* (–)/ j : EBE (–), *Cash* (0)

→ RÉCAPITULONS

Les opérationnels ont pour double objectif de générer de la marge et du *cash*. Ils participent ainsi à la performance financière de l'entreprise, indispensable pour :

- investir ;
- être attractif sur son marché ;
- se développer et faire face à la concurrence.

L'EBE et le BFR sont les deux leviers à activer pour augmenter la marge et le *cash*.

Discerner si les décisions impactent l'EBE et/ou le *cash* permet d'élaborer des plans d'actions adéquats.

2. Comment améliorer l'EBE ?

→ EN BREF

L'excédent brut d'exploitation (EBE) s'améliore en augmentant les marges. Il faut donc augmenter le CA et baisser les coûts.

Les actions améliorant l'EBE

Pour augmenter le CA, l'entreprise peut, par exemple :

- limiter les remises ;
- pousser les vendeurs à vendre cher ;
- vendre au juste prix ;
- pratiquer un intéressement sur un prix de vente moyen ;
- chercher des marchés plus lucratifs.

Pour diminuer les coûts, l'entreprise peut, par exemple :

- recourir à l'externalisation ;
- négocier auprès des fournisseurs ;
- rationaliser les achats ;
- réduire les coûts de production (en recourant à la sous-traitance, à l'intérim...) ;
- réduire les coûts salariaux en améliorant la productivité.

Les indicateurs de performance

Avoir un bon EBE suppose de recourir à des indicateurs mesurant le niveau de performance atteint par l'EBE. La méthode consiste à :

- élaborer les plans d'actions à mettre en œuvre pour atteindre la performance voulue en EBE ;
- recenser de réels indicateurs de pilotage mesurant l'état d'avancement du plan d'action ;
- suivre sur graphiques ces indicateurs de pilotage.

Il doit y avoir une corrélation permanente entre performance et pilotage. En effet, le système de contrôle porte sur le suivi des résultats attendus mais également sur le suivi des plans d'actions permettant de les atteindre.

Seul le suivi des plans d'actions montrera pourquoi les objectifs ne sont pas atteints et dans quelles directions orienter les nouvelles actions.

Prenons un exemple résumé dans le tableau ci-dessous. Une entreprise qui cherche à améliorer son EBE surveille cet indicateur de performance. Elle a listé un certain nombre d'actions à mettre en œuvre, ainsi que l'indicateur de pilotage à suivre sur graphique pour chaque action.

Exemple d'un plan d'actions et des indicateurs de pilotage de la performance EBE

Action	Objectif	Indicateur de pilotage à suivre sur graphique
Rendre visite aux clients	Développer le CA	Nombre de visites rendues
Créer de nouveaux produits	Développer le CA	Nombre de produits nouveaux
Faire des promotions	Développer le CA	Nombre de promotions
Sélectionner strictement les fournisseurs	Diminuer le coût des achats	Nombre de fournisseurs sélectionnés
Former les salariés	Améliorer la productivité	Nombre de formations dispensées

→ RÉCAPITULONS

On améliore l'EBE en agissant sur :

- le CA ;
- les coûts des achats ;
- les coûts salariaux.

Piloter la performance de l'EBE suppose :

- d'établir un plan d'actions ;
- d'instaurer des indicateurs de pilotage précis et suivis sur des graphiques ;
- d'orienter les nouvelles actions selon les résultats obtenus.

3. Comment agir sur le BFR ?

→ **EN BREF**

Pour agir sur le BFR, il faut d'abord sensibiliser les opérationnels aux problèmes de *cash*. Tous pourront ensuite chercher à améliorer le *cash* en agissant sur les stocks, sur le processus client et sur le processus fournisseur.

Impliquer tous les opérationnels

Tous les opérationnels sont concernés par des actions *cash*.

Quelques pistes concrètes qui permettent d'impliquer chacun :

- Sensibilisation à la distinction entre EBE et *cash*.
- Sensibilisation aux enjeux *cash* : savent-ils, par exemple, quel *cash* génère un jour de délai client gagné ?
- Mesure régulière du *cash* : par usine, par produit, par département...
- Création d'un intéressement sur l'amélioration du *cash*.
- Surveillance du ratio temps passé/dépense : le temps passé sur les petites demandes d'achat est-il efficient ?
- Validation financière systématique des dépenses d'investissement avec un tableau de financement mettant en évidence sur la durée du projet : le CA prévisionnel et ses charges ; les dotations ventilées ; le résultat avant et après l'IS ; le *cash flow* dégagé et son actualisation ; le *pay back* ; la VAN ; le TRI. Si nécessaire, revoyez ces notions dans la clé 1.
- Prévision par anticipation du financement du *cash* : plus les demandes de financement sont anticipées, mieux leurs conditions peuvent être négociées.

Agir sur les stocks

Les stocks immobilisent du *cash*. Il faut donc surveiller les ratios de rotation des stocks (de matières premières, de marchandises, de produits finis et en-cours) et chercher à limiter les délais entre l'entrée et la sortie des stocks :

- entre la livraison fournisseur de matière première et la mise en production de cette matière première ;
- entre la livraison de l'achat négoce et la vente négoce au client ;
- ou encore entre la production du produit fini et la livraison chez le client.

Les ratios se calculent ainsi :

$$\text{Délai de rotation des matières premières (MP)} = \left(\frac{\text{Stock MP}}{\text{Achats MP}}\right) \times 365 \text{ jours}$$

$$\text{Délai de rotation des marchandises} = \left(\frac{\text{Stock marchandises}}{\text{Achats marchandises}}\right) \times 365 \text{ jours}$$

$$\text{Délai de rotation des produits finis (PF) et en-cours} = \left(\frac{\text{Stock en-cours et PF}}{\text{CA}}\right) \times 365 \text{ jours}$$

Agir sur le processus client

Fluidifier le processus client relève de décisions opérationnelles quotidiennes et simples. Quelques pistes très concrètes :

- Surveillance de la base clients : fiabilité de la base, rapidité d'ouverture d'un nouveau compte client...

- Amélioration de la relation client : compréhension affinée du besoin, amélioration des PV de réception, baisse du taux de litiges, mesure de la satisfaction, suivi du respect des délais de paiement clients négociés…
- Augmentation des acomptes clients : négociation des acomptes clients, demande d'acomptes plus élevés aux clients, accord de remises en échange d'acomptes clients…
- Comptabilité à jour et contrôlée.
- Fluidification de la facturation : accélération du délai moyen de facturation, dématérialisation des factures, systématisation des virements, lettrage régulier (rapprochement entre factures clients et paiements), réduction du délai moyen de paiement (DMP) ou DSO (*days sales outstanding*) par les clients, recouvrement efficace…
- Sécurisation financière : fixation d'en-cours, anticipation des besoins de trésorerie.

Avant de faire affaire avec un nouveau client, vous avez également intérêt à mener une étude avec votre direction financière. Vous sécuriserez ainsi le processus et les paiements futurs. Voici la notation financière de la société de services Mistafa.

Notation financière de Mistafa

	Critères \ Notation	4 points	3 points	2 points	1 point	0 point	Coeff	Pts	Max.
1	**Fiche signaletique**								
2	Forme juridique	SA / SAS	SARL > 20 k€	Aff. Perso.	SARL < 20 k€	Autres			
	Note client	4					2	8	8
3	Capital social	> 250 ke	250 à 50 k€	50 à 20 k€	20 à 10 k€	< à 10 k€			
	Note client	4					2	8	8
4	Année de création	> 20 ans	10 à 20 ans	5 à 10 ans	2 à 5 ans	< 2 ans			
	Note client		3				3	9	12
	Informations internes								
5	Mode de paiement	LCR / C.Bail	TRA	CHQ	VRT	ESP			
	Note client		3				2	6	8
6	Profil payeur	A	B	NC / C	D	E			
	Note client			2			4	8	16
7	**Informations externes**								
	Note Coface	≥ 8	7 et 6	5	4 et 3	≤ 2			
	Note client			2			2	4	8
	Couverture Coface	100%	75%	50%	25%	0			
	Note client			2			2	4	8
8	**Informations financières**								
	Frais Fi / EBE	< 15 %	15 à 35 %	35 à 55 %	55 à 75 %	> 75 % ou < 0			
	Note client			2			4	8	16
	Évolution CA	5 à 15 %	0 à 5 %	15 à 30 %	0 à -5 %	> 30 % ou < à -5 %			
	Note client	4					3	12	12
9	Nombre de points	67/96							
10	Score client /20	13							

Le principe est d'attribuer au client des points ❶ de confiance de 0 à 4 en fonction de critères objectifs que nous détaillons ci-après.

❷ **La forme juridique de l'entreprise** :

- 4 points si le client est en SA ou SAS ;
- 3 points si le client est en SARL avec un capital supérieur à 20 K€ ;
- 2 points si l'entreprise est une affaire personnelle ;
- 1 point si le client est en SARL avec un capital inférieur à 20 K€ ;
- 0 point pour toute autre forme juridique.

❸ **Son capital social** : plus la société a de capital, plus elle est considérée comme solide.

❹ **Son année de création** : plus la société a d'ancienneté, plus elle est considérée comme solide.

❺ **Son mode de paiement habituel** :

- 4 points si le client paie en lettre de change relevé (LCR) ou en crédit-bail (C. bail) ;
- 3 points si le client paie en traite (TRA) ;
- 2 points si le client paie en chèque (CHQ) ;
- 1 point si le client paie par virement (VRT) ;
- 0 point pour paiement en espèces (ESP).

❻ **Son profil payeur** établi au vu de son historique (retards, demandes de prorogation, impayés…) :

- A : excellent payeur ;
- B : bon payeur ;
- C : payeur avec quelques retards ;
- D : mauvais payeur ;
- E : très mauvais payeur.
- NC : non connu (par exemple : nouveau client sans historique) donc évalué comme un C, payeur moyen.

❼ **Des informations externes** comme ici sa note et sa couverture Coface : Coface est un organisme extérieur qui note les clients et leur accorde une couverture plus ou moins importante en cas de non-paiement.

❽ **Des informations financières** comme le ratio frais FI/EBE montrant le poids de ses frais financiers dans la performance économique et l'évolution du CA : une évolution modérée du CA est préférée à une évolution top forte qui peut être considérée comme dangeureuse.

L'ensemble de ces points ❾ auxquels a été affecté un coefficient donne une note finale sur 20 ❿ qui permet d'identifier le client comme :

- très bon client : de 20 à 15 points ;
- bon client : de 14 à 10 points ;
- client moyen/médiocre : de 9 à 5 points ;
- très mauvais client : de 4 à 0 point.

Dans ce tableau, le client est identifié comme SA ou SAS avec un capital social supérieur à 250 K€ et une ancienneté de dix à vingt ans. C'est un nouveau client pressenti comme payeur moyen C. Sa note et sa couverture Coface sont moyennes. Le ratio frais FI/EBE est acceptable et l'évolution de son CA est un élément de confiance. Ce nouveau client obtient une note finale de 13/20. C'est un bon client potentiel. Vous pouvez faire affaire avec lui sans grande inquiétude !

Une telle analyse en amont permet d'éviter les mauvaises surprises. Certaines informations changeant annuellement, une remise à jour (appelée souvent revue score client) s'impose également.

Agir sur le processus fournisseur

Agir sur le processus fournisseur est aussi possible en activant des leviers comme :

- priorité donnée aux accords-cadres ;
- limitation des risques : identification des fournisseurs à risque, négociation et limitation des acomptes ;
- report maximal des achats ;
- vérification systématique : précision des demandes d'achats et commandes, application des remises de fournisseurs ;
- surveillance du délai de transformation entre demande d'achat et commande ;
- réclamation d'éventuelles pénalités aux fournisseurs ;
- Régulation de la facturation : rapprochement entre commandes et factures, limitation des factures sans réception, identification des factures fournisseurs reçues trop tôt, mesure du délai de paiement des fournisseurs ou DPO (*days purchase outstanding*).

Maîtrisez votre DPO !

$$DPO = \frac{\text{dettes fournisseurs HT}}{\text{achats}} \times 365 \text{ j}$$

On obtient le délai moyen de paiement des fournisseurs.
Maîtriser le DPO, c'est garder ce délai raisonnable.

Mesurer le *cash*

Surveiller régulièrement le *cash* permet de repérer les leviers à actionner pour améliorer la performance du *cash*.

Trois ratios sont à surveiller :

- le délai de rotation des stocks ;

- le délai moyen de paiement des clients ou DSO (*days sales outsanding*)

DSO = (créances clients HT/CA) × 365 jours

- Le délai moyen de paiement des fournisseurs ou DPO (*days purchase outsanding*)

DPO = (dettes fournisseurs HT/achats) × 365 jours

Le tableau ci-contre montre le suivi annuel du BFR et donc des impacts sur le *cash* de la société Sibiter.

Pour Sibiter, le ratio de stocks ❶ s'est maintenu entre les années N – 1 et N. D'un point de vue *cash*, il aurait fallu que ce ratio s'améliore pour faire levier sur le BFR. Le maintien du ratio de stocks ne permet pas de minimiser (ni d'augmenter !) le BFR.

Le DSO ❷, lui, a augmenté entre N – 1 et N : les clients ont payé moins vite, ce qui augmente le BFR et impacte négativement le *cash*.

Pour couronner l'ensemble, le DPO ❸ a diminué entre N – 1 et N : les fournisseurs ont été payés plus vite, ce qui contribue aussi à augmenter le BFR et à dégrader le *cash*.

Ce tableau annuel de surveillance du BFR peut se faire tous les mois et être présenté par un graphique.

Suivi annuel du BFR de Sibiter (en €)

	N	N – 1	
Ratio stock produits finis			
Montant des stocks	757 000	687 000	
CA	6 500 000	5 850 000	
❶ Délai de rotation de stock produits finis	42 jours	43 jours	Pas d'évolution, même rotation
Ratio crédit client (DSO)			
Créances clients dues TTC	821 000	621 000	☹
Créances clients dues HT	686 455	519 231	
CA	6 500 000	5 850 000	
❷ DSO (délai paiement client)	39 Jours	32 Jours	Comment expliquer les 7 jours ?
Ratio crédit fournisseur (DPO)			
Dettes fournisseurs TTC	542 000	581 000	☹
Dettes fournisseurs HT	453 177	485 786	
Achats matières	1 185 100	1 367 500	
Achats marchandises	521 000	479 000	
Achats divers	1 320 000	941 000	
❸ DPO (délai règlement fournisseur)	55 Jours	64 Jours	Les fournisseurs sont payés plus rapidement !

→ RÉCAPITULONS

Agir sur son BFR signifie améliorer son *cash*.

Des opérationnels sensibilisés aux enjeux du *cash* agissent :

- sur les stocks ;
- sur le processus client ;
- sur le processus fournisseur.

On surveille le *cash* par trois indicateurs de performance :

- les ratios stocks ;
- le ratio crédit client ;
- le ratio crédit fournisseur.

Qu'il s'agisse de l'EBE ou du *cash*, l'établissement d'indicateurs de pilotage prouve à la direction de l'entreprise :

- votre analyse des actions amenant la performance ;
- votre volonté d'agir ;
- votre action effective.

ET VOUS ?

1. Pouvez-vous citer quatre actions (donc quatre indicateurs de pilotage) ayant réellement un impact favorable sur votre EBE ?

2. Pouvez-vous citer quatre actions (donc quatre indicateurs de pilotage) ayant réellement un impact favorable sur votre cash ?

3. Dans le tableau, pouvez-vous attribuer une note à votre entreprise sur son processus *cash* ?

AUTODIAGNOSTIC : le combat du BFR (*cash*) dans votre entreprise !

	3 points	2 points	1 point	0 point
	OUI, tout à fait	OUI, plutôt	NON	NON, pas du tout
Nous facturons vite après notre prestation ou notre livraison.				
Nos factures clients génèrent peu de litiges.				
Les acomptes clients sont au maximum.				
Le BFR est mesuré mensuellement par un reponsable opérationnel.				
Chaque client fait l'objet d'une étude en amont.				
Il existe un intéressement sur l'amélioration du BFR.				
Les demandes d'investissements font l'objet de calculs de rentabilité à chaque fois.				
Outre le résultat, le cash flow est mesuré régulièrement et montré aux opérationnels.				
Chaque acteur opérationnel sait faire la différence entre EBE et cash.				
Les comptes clients sont régulièrement lettrés.				
Le financement du BFR est prévu par anticipation.				
Les délais de paiement clients négociés sont respectés.				
Le recouvrement est efficace.				
La création d'un nouveau compte client est simple.				
La base client est fiable.				
Les demandes d'achat sont bien renseignées.				
Le délai de transformation entre demande d'achat et commande est satisfaisant.				
Il y a uniformisation des processus de réception.				
Nos stocks font l'objet de commandes au plus tard en flux tendus.				
Nous ne souffrons jamais de rupture de stock.				
TOTAL Votre note « Combat BFR *cash* » sur 60				

Lexique français/anglais

- Amortissement/*Amortization* Étalement du coût d'un investissement par dotations dans le compte de résultat. Montant HT des investissements étalés (amortis) en charges (dotations) dans le compte de résultat. La durée de l'amortissement est préconisée par le fisc ou estimée par la société sur la durée de vie du bien.
- BFR (besoin en fonds de roulement)/*Working capital requirement* Montant du *cash* nécessaire pour assumer les coûts (achats et salaires) avant paiement par les clients.
BFR = stocks (non vendus) + clients (factures émises non payées) – fournisseurs (factures reçues non payées).
- Bilan/*Balance sheet* État du patrimoine de la société à la date de clôture de l'exercice.
Présente un passif (capital, bénéfice, emprunt, crédit fournisseur) et un actif (emploi de l'argent) nécessairement équilibrés.
- CAPEX/*Capital expenditure* Dépenses d'investissement de l'entreprise. Passent en négatif dans le compte de résultat par dotations aux amortissements.

- Capitaux propres/*Equity*
  Endettement interne de la société par l'actionnaire.
  Capitaux propres = capital + réserves + résultat de l'année.
- *Cash flow* Réel flux de liquidité dégagé physiquement dans l'année.
- *Cash flow* opérationnel Flux net de trésorerie généré par les activités opérationnelles, hors flux net de trésorerie lié aux opérations d'investissement et de financement.
- Compte de résultat/*Profit & loss (P & L)* Mesure du gain ou de la perte réalisée par l'entreprise sur 12 mois.
  Résultat = (produits HT – charges HT sur une année)
- DPO/*Days purchase outstanding* Délai moyen de paiement des fournisseurs.
  $$\text{DPO} = \frac{\text{dettes fournisseurs HT}}{\text{achats}} \times 365 \text{ jours}$$
- DSO/*Days sales outstanding* Délai moyen de paiement par le client.
  $$\text{DSO} = \frac{\text{créances clients HT}}{\text{CA}} \times 365 \text{ jours}$$
- EBE (excédent brut d'exploitation)/*Ebitda (earning before interest taxes depreciation)* Résultat le plus économique de l'entreprise, ne contenant ni l'impact de l'investissement ni le coût de l'endettement.
  EBE = CA – (achats et salaires)
- *Free cash flow* Réel flux de liquidité dégagé en tenant compte des investissements payés dans l'année ou encore flux libre d'investissement.
  Free cash flow = (*cash flow* – investissements payés dans l'année)
- *Gearing* Comparaison de l'endettement interne à l'endettement externe (les emprunts).
  Correspond au ratio capitaux propres/emprunts.
  Idéalement supérieur à 1, signifiant un endettement en interne supérieur aux emprunts externes.
- Marge opérationnelle/*Operating margin* La marge opérationnelle (MO) est un ratio exprimé en % du CA.
  $$\text{MO} = \frac{\text{ROC}}{\text{CA}}$$

- OPEX/*Operational expenditure* Dépenses opérationnelles : frais généraux et de fonctionnement en lien direct avec l'activité (achats, salaires, charges financières...). Passent directement en charges négatives dans le résultat.
- Provision/*Depreciation* Charge future estimée prise en compte dans le résultat opérationnel de l'entreprise.
  Il n'y a pas de réel mouvement de *cash*.
- Rentabilité/*ROI (return on investment)* Taux donné en % et calculé par le ratio $\frac{\text{résultat}}{\text{somme de fonds investie}}$.
- Réserves Bénéfice gagné et gardé par la société, sans redistribution de dividende à l'actionnaire.
- ROC (résultat opérationnel courant)/*OIC (operating income recurring)* Résultat métier le plus probant donné en % du CA.
  ROC = CA – (achats + salaires + dotations aux amortissements + provisions).
  Toutes les charges et les produits considérés non opérationnels ou non courants sont éliminés du calcul du ROC.
- TRI (taux de rentabilité interne)/*IRR (internal rate return)* Comparaison entre l'investissement initial et un placement. Mesure le taux de rentabilité de cet investissement, à comparer aux taux bancaires en cours. Le TRI est une formule complexe que vous ne pouvez pas calculer immédiatement.
- VAN (valeur actualisée nette)/*NPV (net present value)* Argent réellement dégagé par un projet, soit la différence entre la somme des *cash flow* dégagés actualisés et l'argent investi au départ. Si la VAN est négative, le projet perd de l'argent. Si la VAN est positive, le projet gagne de l'argent.

59467 - (I) - (3) - OSB 90° - PCA - JME

Imprimerie Nouvelle - JOUVE
45800 Saint-Jean de Braye
N° d'Imprimeur : 2067819R
Dépôt légal : mars 2013

Imprimé en France